MANIPULATIONS TECHNIKEN

--- Das Psychologie Buch ---

Wie Sie erfolgreich die Körpersprache von Menschen lesen, sich vor Manipulation schützen und zum eigenen Vorteil andere manipulieren

Vorwort

Alltag, Beruf, Politik, Schule, Lebensmittel, Altertum, Mittelalter, Daten, Flirten, Sport ... was haben diese Themen bloß miteinander zu tun? Ob wir bei diesen oft gar nicht merken, welchen kleinen und großen Gefahren wir dabei ausgesetzt sind! Die Rede ist von MANIPULATION, die natürlich unbewusst (!) auf uns einwirkt, und die wir – falls überhaupt – spät, manchmal zu spät, oder im schlimmsten Fall überhaupt nicht bemerken.

Dieses Buch informiert Sie nicht nur – wie manch andere Literatur – darüber, was unter „Manipulation" zu verstehen ist, ***SONDERN gibt Ihnen vor allem die Möglichkeit, diese zu erkennen und somit erfolgreich bekämpfen zu können.***

Eingangs wollen wir uns damit befassen, wie die Wissenschaft und die allgemeine Literatur „Manipulation" definiert, denn nur dann sind die weiteren Kapitel insgesamt verständlich.

a) Wissenschaftliche Erklärung:

1. Manipulation im weiteren Sinne:

Form der Beeinflussung, bei der

(1) der Beeinflussende andere Personen zu seinem eigenen Vorteil beeinflusst,
(2) Einflussmethoden wählt, die für die anderen nicht durchschaubar sind und
(3) den anderen das subjektive Gefühl gibt, sich frei entscheiden zu können. Manipulation ist ein häufiger Vorwurf gegen die Wirtschaftswerbung (Werbung). Diese sei manipulativ, d.h. vom Individuum nicht bewusst zu kontrollieren und darum zwanghaft *(Prof.Dr. Alexander Henning, Prof. Dr. Franz Rudolf Esch, in: Gabler Wirtschaftslexikon, Datum: keine Angabe)*

2. Manipulation im engeren Sinne:

Steuerung des Verhaltens durch solche Werbung, die vom Individuum nicht bewusst zu kontrollieren ist und somit eindeutig gegen gesellschaftliche Ziele und Normvorstellungen verstößt (unlautere Werbung). Eine gewisse Steuerung wird in jedem sozialen System als notwendig und deshalb legitim angesehen. *(Prof.Dr. Alexander Henning, Prof. Dr. Franz Rudolf Esch, in: Gabler Wirtschaftslexikon, Datum: keine Angabe)*

b) Allgemeine Erklärung

Der Begriff **Manipulation** (latein. Zusammensetzung aus *manus* ‚Hand' und *plere* ‚füllen'; wörtlich ‚eine Handvoll (haben), etwas in der Hand haben', übertragen: Handgriff, Kunstgriff) bedeutet im eigentlichen Sinne „Handhabung" und wird in der Technik auch so verwendet. Darüber hinaus ist Manipulation auch ein Begriff aus der Psychologie, Soziologie und Politik und bedeutet die gezielte und verdeckte Einflussnahme, also sämtliche Prozesse, welche auf eine Steuerung des Erlebens und Verhaltens von Einzelnen und Gruppen zielen und diesen verborgen bleiben sollen (Camouflage, Propaganda). Abzugrenzen sind der Vorgang der Manipulation und seine Alltagserscheinungen von der psychologischen Methode der experimentellen Manipulation. In seiner ursprünglichen Bedeutung „Handgriff" steht *Aus Wikipedia,1. Mai 2018*

Manipulation in der manuellen Medizin für eine Reihe von mit der Hand durchgeführten Techniken, die dem Lösen einer Blockierung dienen *(Wikipedia, Datum: keine Angabe).*

Wir sehen also, dass sich das Thema „Manipulation" über mehrere Gebiete der Wissenschaft erstreckt, wie zum Beispiel Psychologie oder Soziologie.

Denken wir vorerst an unseren Alltag: täglich erhalten wir – falls wir kein Schild mit dem Text „Bitte keine Werbung" oder „Bitte nur adressierte Werbung" am Postkasten oder an der Türe anbringen– jede Menge Werbeprospekte. Manchmal eine schon fast unerträgliche Flut davon, natürlich mit dem Ziel der Unternehmen, dass wir deren Produkte kaufen, auch wenn wir diese manchmal gar nicht oder nur in geringen Mengen benötigen; wir befassen uns mit diesem Phänomen aber ohnehin eingehend im Kapitel „Werbung".

Nur als Anregung, damit Sie insbesondere wissen, wie wichtig es ist, den genannten Abschnitt zu lesen, ein Extremfall, diese Methode ist zwar verboten, wurde aber vor allem in den USA vor längerer Zeit versucht.

Insbesondere in Filmen wurden Passagen für Werbungen eingebaut, die aber so extrem kurz waren, dass diese von den Zuschauern nicht bewusst wahrgenommen wurden, aber den Effekt hatten, dass die Menschen dennoch diese unterbewusst mitbekamen, und dann die entsprechenden Produkte kauften.

Wobei aber Werbung per se (= an sich) nichts Negatives darstellt, denn ohne Werbung wäre die Wirtschaft einfach nicht (über-)lebensfähig, aber wie unter Punkt 2. Manipulation im engeren Sinne ausgeführt wird, ist zwischen fairer und unlauterer Werbung zu unterscheiden.

Ebenso kennen wir – manchmal im unerträglichen Überfluss – die Werbung bzw. Propaganda anlässlich von Wahlen, im Bereich der Politik sprechen Wissenschaftler manchmal bewusst von Propaganda, aber in diesem Fall im positiven Sinn, da damit gemeint ist, Ideen, Werte und Weltanschauungen zu verbreiten. Natürlich mit dem Hintergedanken, dass die wahlwerbenden Politikerinnen an die Macht kommen wollen.

Inhaltsverzeichnis

KAPITEL 1: Wie wir im ALLTAG manipuliert werden

Da wir naturgemäß mit diesem Bereich am meisten zu tun haben, und im Wesentlichen dabei ohne wissenschaftliche Erklärungen auskommen, und auch eine ansprechende Einführung in das Thema „Manipulation“ erfolgte, beginnen wir damit. Aus selbem Grunde wird dies auch das ausführlichste Kapitel des Buches.

Die folgenden Ausführungen entspringen sinngemäß einem leicht verständlichen und auch praxisbezogenen Artikel von der Internetseite alfazentauri.com (20. September 2016), wurden aber mit dem Ziel verändert, das Thema noch verständlicher zu machen bzw. deshalb auch manchmal verkürzt, übernommen wurden die folgenden zehn Varianten von möglichen Manipulationen.

Diese 10 Tricks bzw. unbewusste und bewusste Manipulationen begegnen Ihnen im Alltag:

1. Augenfarbe der Gesprächspartner

Wenn wir neue Leute kennen lernen, dann lohnt es sich, diesen immer in die Augen zu sehen. Dieser direkte Augenkontakt vermittelt nicht nur Selbstsicherheit, sondern bringt in Kombination mit diesem, innere Ruhe und Gelassenheit. Versuche die Augenfarbe deiner Gesprächspartner zu erkennen. Wenn du Deinem Gegenüber seine Augenfarbe *sagst* (!) wird er sich über dein entgegengebrachtes Interesse freuen.

2. Der erste Eindruck, Auftreten und Händedruck

Zwar allgemein bekannt, aber trotzdem enorm wichtig, ausdrücklich darauf hinzuweisen: Der erste Eindruck, den wir bei unseren Mitmenschen hinterlassen, ist entscheidend! Denn dieser bleibt im Gehirn so haften, dass er sich nicht nur mittel- und langfristig auswirkt, sondern in Zukunft auch für die Interpretation unseres Verhaltens relevant ist.

Dieser erste Eindruck hat auch enorme Auswirkungen darauf, wie wir andere Eigenschaften eines Menschen eventuell nicht sehen bzw. übersehen, ist aber auch relevant dafür, ob wir einem Menschen sympathisch sind oder nicht.

Hast du schon manchmal Menschen die Hand gegeben, die so feucht war, dass dies unangenehm erschien? Dann überlege, ob dies bei dir auch der Fall sein könnte, und baue vor. Natürlich vermittelt ein (ausgewogener) kräftiger Händedruck deinem Gegenüber, dass du selbstbewusst bist. Aber nicht so kräftig wie es bei Donald Trump der Fall ist, denn nach dessen Händedruck verspüren die anderen manchmal gar nicht so geringe Schmerzen.

Wichtig ist aber nicht nur deine Haltung und dein Auftreten, sondern auch die Art und Weise *wie* du ein Gespräch beginnst! Du kannst dir ja auch Varianten dafür überlegen, je nachdem wie alt dein Gegenüber ist, Stellung im Beruf usw.

3. Die Sprache manipulieren

- **Small Talk ist nützlich,** um auf unkomplizierte Weise einen ersten Kontakt zu fremden Menschen aufzubauen.
- **Small Talk ist tödlich,** wenn du deine neuen Bekanntschaften damit zu sehr langweilst.

4. Manipulation durch den Halo-Effekt

Selbstbewusste, um nicht zu sagen, manchmal präpotente, Menschen treten extrem dominant auf, und lenken so von deren anderen Merkmalen ab. Dieser Effekt wird als Halo-Effekt bezeichnet, das Wort kommt aus dem Englischen und bedeutet Heiligenschein.

Der Halo-Effekt ist eine aus der Sozialpsychologie bekannte kognitive Verzerrung, die darin besteht, von bekannten Eigenschaften einer Person auf unbekannte Eigenschaften zu schließen. Diese bekannten

Eigenschaften einer Person überstrahlen alle anderen, ähnlich einem Heiligenschein und dominieren somit das Gesamtbild der Person (wörtliches Zitat aus der Internetseite).

Ähnlich verhält es sich beim ersten Treffen mit einem Menschen, wenn wir, zumindest glauben, seinen Charakter erkannt zu haben.

- Introvertiertheit wird dann oft als Einbildung oder Egoismus interpretiert.
- Aus einem sparsamen Menschen wird (natürlich scheinbar) ein Geizhals.
- Schüchterne Menschen werden als eingebildet wahrgenommen.

Das geschieht, weil unser Gehirn versucht, die neuen Informationen mit den bereits vorhandenen abzugleichen und so zu einem klaren Bild zu kombinieren.

Unternehmen machen sich den Halo-Effekt für die Bewerbung ihrer Produkte zunutze.

Bei Apple zum Beispiel überstrahlen die leichte Bedienung und das klare Design andere negative Begleitmerkmale wie: hohe Preise oder schlechte Arbeitsbedingungen in den Herstellungsländern.

Unternehmen versuchen oft sogar nur *ein einziges* Merkmal ihrer Produkte zu vermitteln.

Wie zum Beispiel:

- Exklusivität (Mercedes)
- Innovation (Audi „Vorsprung durch Technik“)
- Umweltschutz (BP)

Durch den Halo-Effekt versuchen die Unternehmen die spätere Wahrnehmung ihres Produkts nachhaltig zu beeinflussen.

5. Unser Aussehen

Wie beurteilst du das Aussehen von Menschen, wenn du diesen zum ersten Mal begegnest (siehe dazu passend auch Punkt 2, „Der erste Eindruck, Auftreten und Händedruck)?

Ich selbst hatte dazu vor vielen Jahren eine eigene Erfahrung gemacht, und zwar als ich zum ersten Mal in meinem Leben Brillen tragen musste. Eine meiner Kolleginnen meinte wörtlich: „Du siehst damit viel intellektueller aus".

Vielleicht kennst auch du den Ausspruch: "Dicke sind gemütlich". Könnte auch als „gutmütig" interpretiert werden.

Alle diese Vorurteile ließen sich fast beliebig fortsetzen, sind eben menschlich bedingt, und werden manchmal zur Manipulation eingesetzt.

6. Priming Effekt

Priming ist die Erklärung für die Erleichterung einer Reaktion auf einen Zielreiz (target) auf Grund der vorherigen Darbietung eines Bahnungsreizes (prime). *(Quelle: Online Lexikon für Psychologie und Pädagogik, Gerald Hüther, ohne Datum)*

Spielen wir folgenden Fall durch: der Vater einer Familie mit drei Kindern bespricht mit diesen – da schon ziemlich erwachsen – ganz offen über das „Budget" für die Weihnachtsgeschenke und argumentiert gleich einleitend, dass dieses heuer extrem gering sei, da die Reparatur des Autos und die Zahnsanierung der Tochter schon enorm viel Geld verschlungen habe, übertreibt aber dabei maßlos, ohne dass es die anderen merken.

Wenn nun am Ende des Gesprächs herauskommt, dass jetzt doch etwas mehr Geld für Geschenke ausgegeben werden kann, ist der „Rest der Familie" hoch zufrieden.

7. Auf Füße und Körperstellung achten

Eine weitere Möglichkeit Gesprächspartner aufgrund von Äußerlichkeiten einzuschätzen, besteht darin, auf deren Füße und Körperstellung zu achten.

Wenn die Füße auf dich gerichtet sind, kannst du davon ausgehen, dass dein Gegenüber wirklich am Gespräch interessiert ist. Wenn allerdings nur der Körper in deine Richtung weist, und die Füße in eine andere, dann tendiert die Person dazu von dir wegzukommen und/oder fühlt sich aus welchem Grund auch immer beim Gespräch nicht wohl.

Ganz wichtig ist es aber auch zumindest zu Beginn des Gesprächs den anderen Menschen nicht zu nahe zu kommen, dies könnte ein unangenehmes Gefühl erzeugen, bis hin, dass du als aufdringlich wahrgenommen wirst.

Der bekannteste Vorreiter der Körpersprache ist Samy Molcho (geboren 1936 in Tel Aviv, hat die österreichische Staatsangehörigkeit) der dieses Phänomen nicht nur sehr zeitig erkannte, sondern auch in vielen Büchern beschrieb (erstmals schon 1983) und viele Seminare darüber hielt.

8. Foot-in-the-door-Technik

Heißt natürlich auf Deutsch „Fuß in die Türe setzen", und bietet den Trick, Menschen zunächst um einen kleinen Gefallen zu bitten, den er dir wahrscheinlich nicht abschlagen kann. Wenn du dann später einmal einen größeren Wunsch an diesen hast, ist die Chance der Erfüllung weitaus höher als ohne den Schritt davor.

Dein Gegenüber hat nämlich mit der ersten Phase ein positives Selbstbild einer hilfreichen Persönlichkeit entwickelt, das er nur sehr schwer los wird.

9. Methode des Pacing

Der Begriff des Pacing kommt aus der Welt des Neurolinguistischen Programmierens (NLP = eine Sammlung von Kommunikationstechniken und Methoden zur Veränderung psychischer Abläufe im Menschen, die unter anderem Konzepte aus der Gestalttherapie und Hypnotherapie aufgreift. Pacing beschreibt die Technik, seinen Schritt an den seines Gegenübers anzupassen. Dies sollte auf respektvolle Weise und gut dosiert geschehen, um nicht das Gegenteil zu erreichen und den Gesprächspartner zu verärgern, anstatt zu binden.

Einige Beispiele für Pacing in der zwischenmenschlichen Kommunikation. Spiegeln von...

- Stimmhöhe, Sprechgeschwindigkeit, Sprechlautstärke, Satzmelodie, ...
- Atemfrequenz, Atemtiefe, Räuspern, Gähnen, Husten...
- Körperhaltung, Bewegung, Gestik, Mimik, ...
- Tonfall, Worte, sprachliche Besonderheiten, Fachbegriffe, ...
- Fröhlichkeit, Nachdenklichkeit, Steifheit, ...

10. Begeistere dich und du wirst begeistert werden

Menschen erinnern sich daran, was du gesagt hast. Vor allem aber erinnern sie sich daran, *was* sie dabei gefühlt haben. Frag dich bei allem was du tust, ob es durch dein Handeln den Menschen besser geht oder ob du diesen dadurch schadest.

Anderen Menschen eine gute Zeit bereiten, ist eine wichtige Eigenschaft erfolgreicher Menschen.

Sorge dafür, dass sich Menschen wohl in deiner Nähe fühlen. Wenn du dich dafür begeistern kannst, die andere Person wiederzusehen, dann wirst du diese Person *auch* dazu begeistern *dich* wiederzusehen.

Die Alltagsmanipulation

Es fällt nicht auf und doch passiert es täglich. Die Alltagsmanipulation ist ein sehr großer Teil von uns. Und dies beginnt bereits im Freundeskreis. Nehmen wir an, ihr habt ein Treffen im Café ausgemacht. Nun kommt der Anruf „Du lass uns doch zum Italiener gehen". Dieser wird zugleich schmackhaft präsentiert. Du sagst ja und gehst von einem Vorschlag aus und dennoch ist es die reinste Manipulation. So setzen wir uns durch und erreichen optimal unsere Ziele. Und einigen Menschen ist diese Gabe auch in die Wiege gelegt. Eine bewusste Einflussnahme, um dein Gegenüber zu leiten und zu führen. Sicher fällt es im Normalfall niemanden auf und dennoch findet es jede Sekunde statt. Und vielleicht bist auch du heute schon manipuliert worden. Gerade bei Veranstaltungen und Verkaufsgesprächen, wird viel manipuliert. Andere wiederum reden von der reinen Überzeugungskraft.

Welche Techniken wendet das Gegenüber an?

- Er werden Komplimente gemacht, um einen Sympathiepunkt zu erreichen. Dabei schlägt man dem anderen ungern eine Bitte ab.
- Man schiebt eine große Bitte ins Vorfeld, die selbstverständlich abgelehnt wird, um dann mit der eigentlichen Bitte zu punkten. Denn wer sagt schon gerne zweimal nein.
- Einen Gefallen zu tun, in der Hoffnung einen Mehrwert daraus zu erzielen.
- Eine gekonnte Aussprache und Konversation, schüchtert wiederum ein und manipuliert auf rednerischer Ebene.
- Das Gespräch ganz bewusst in eine gezielte Richtung leiten.
- Mitleid erwecken, um einen Handlungsbedarf herzustellen.

Manipulation findet niemals rein unbewusst und zufällig statt. Die Motivation ist demzufolge ein großer Teil davon. Denn auch das „Motivieren" ist im Grunde genommen, nichts anderes als eine Manipulation. Ein Alltagsgeschehen von bewussten, wie auch unbewussten, Handlungen. Nur solltest du die Manipulation durchschauen und dich nicht von ihr leiten lassen. Du bist der

„Bestimmer“ und nicht „Aufschwätzer“. Und du handelst nach deinem Willensprinzip.

Sicher leichter gesagt als getan, dennoch machbar. Höre in dich rein und lasse dich mehr von deinen Gefühlen leiten. Auch wir haben noch Instinkte und handeln danach. Selbst, wenn sie in unserer Zeit immer mehr verloren gehen. Der Alltag bestimmt somit unser Leben und ist ein großer Teil davon. In der neurolinguistischen Programmierung (NLP) ist dies gang und gäbe. Dabei werden Meinungen relativiert, einem Beachtung geschenkt und die Manipulation durch Körpersprache effizient ins Rampenlicht gerückt. Eben alles eine Frage, wie man sich verkauft. Ein gegenwärtiges Phänomen und ein Bereich in unserer heutigen Gesellschaft. Dennoch ist sie allgegenwärtig und das ist auch gut so. Denn was wären wir ohne die Manipulation, würden wir nicht selbst von ihr profitieren. Wir erreichen, erstreben und lenken unsere Bedürfnisse in die richtigen Bahnen. Und das üben wir Tag für Tag mit unserer Sorgfaltspflicht aus. Allerdings, mache niemals etwas unbewusst, sondern aus dem Unterbewusstsein heraus.

KAPITEL 2: Entwicklung der Manipulation (kurzer Abriss)

Zur „Entspannung" für alle eine geraffte Darstellung betreffend die Geschichte der Manipulation *(aus bpb mobil, 27. April 2007),* falls es dich nicht interessiert, kannst du ja darüber hinweg lesen.

Städte wie Rom, Konstantinopel u.a. besaßen ihr individuelles Gesicht, bei den weniger bekannten Städten war das Vorhandensein symbolischer Merkmale wie etwa dem einer Stadtmauer von größerer Bedeutung. Ähnliches galt in der Antike und Mittelalter für Porträts der Potentaten. Die Insignien deren Macht (Krone, etc.) waren entscheidender als die Ähnlichkeit zwischen Abbild und Vorbild. Wie die Beispiele zeigen ist die Forderung nach Abbildtreue nicht naturgegeben, sondern historisch bedingt. Ein prägnantes Beispiel dafür:

Hans Holbein d.J. (1497-1543) schuf 1527 ein anerkannt authentisches Porträt von Thomas Magnus (1478-1535). Auch Peter Stent (ca. 1613-1665) porträtierte Thomas Magnus, allerdings hat sein Bild mit jenem von Holbein überhaupt keine Ähnlichkeit. Diese Tatsache allein ließ Stent lediglich als eigenwilligen Maler erscheinen, sein Morusporträt besitzt allerdings gleichzeitig große Ähnlichkeit mit jenem von Rembrandt (1606-1669) mutmaßlichem Porträt seines Vaters. Das macht Stent zum Fälscher. Zum Manipulierer wurde er, indem er die Betrachter seines Bildes glauben macht, Thomas Morus sähe aus wie Harmen Gerritszoon van Rijn. Und diese Verwandlung findet, wie so oft in Fällen von Manipulation mit Hilfe der Sprache statt, die nämlich das Abbild des einen zum Abbild eines anderen erklärt.

Seit Menschengedenken manipuliert.

Die Manipulation ist heute in aller Munde und entstand aus einem völlig anderen Sinn heraus. Dies galt früher der wertneutralen Handhabung oder der Bearbeitung. Im Jahr 1809 verwies der Brockhaus lediglich auf den Magnetismus hin. Darunter konnte man sich nun einen Anziehungspunkt, wie auch ein Heilverfahren vorstellen.

Sicher wurde schon im großen Stil manipuliert, dennoch nicht mit diesem Wort in Verbindung gebracht. Erst 100 Jahre später wurde die Manipulation im Meyers Konversationslexikon als Geschäftskniff angesehen. Ein kunstgerechter Gebrauch von Händen, wie auch dem manipulativen Handlungsgeschehen. Im wahrsten Sinne des Wortes versteht sich unter der Manipulation Folgendes: Es geht um die Streichung des Körpers mit der Hand, die Bearbeitung und Berührung. Somit wurde nicht wie heute, die geistige Manipulation gemeint. Es ging viel mehr um die Stärkung wie auch Steigerung des Magnetismus. Dabei handelte es sich um die Stärkung der Muskelkraft wie auch um Leibesübungen in Bädern. Darauf waren die Türken spezialisiert. Auch heute noch ist das Hammam in gewisser Weise dafür bekannt.

Erst ab dem Jahr 1985, erhielt das Wort „Manipulation" einen anderen und sehr markanten Stellenwert, in unserer Gesellschaft. Es ging vornehmlich um eine gewünschte Richtung sowie das Steuern, Lenken und Beeinflussen. Und demzufolge werden Menschen überzeugt und überredet. All das stellt Manipulation dar. Auch, wenn sie früher schon vorhanden war, war ihre Bedeutung und Funktion relativ fremd und wurde nicht mit dem Wort „Manipulation" in Verbindung gebracht. Daher kann eine Manipulation sittlich, wie auch unsittlich, sein. Dies findet täglich durch Dienstleistungen, wie auch die Medien, statt. Eine Manipulation ist nicht grundsätzlich schlecht, nur wenn sie bedrängt und wissentlich Schaden anrichtet. Ebenso ein mangelndes Selbstvertrauen, wie Angst und Unsicherheit, löst eine Manipulation aus. Dafür haben viele andere Menschen ein Gespür dafür. Wer sich schnell täuschen lässt, wird auch vereinnahmt und manipuliert.

Fremdbestimmtes Handeln

Die Entwicklung der Manipulation lief somit im Sinne der Menschheit ab. Dennoch hat sie sich zum Guten wie auch zu Schlechten entwickelt. Einige von uns funktionieren wie Marionetten, andere unterliegen der

Überzeugungskraft. Durch gewisse Fragetechniken, findet wiederum eine gezielte Sprachmanipulation statt. Demnach stelle die Manipulation für einige fast schon eine Bedrohung dar. Das liegt es in erster Linie am Selbstbewusstsein in der Konversation. Die Beeinflussung von Medien steht wiederum auf einem anderen Blatt geschrieben. Somit liegt es an jedem selbst, ob er manipuliert wird oder nicht.

Kommunikation und Manipulation

Der Austausch von Meinungen und Informationen, bestimmt unseren Lebensstil. Andererseits werden wir, laut dem Soziologen Herbert Marcuse, mit der allseits bekannten Werbemanipulation völlig vereinnahmt. Ein Kritiker der die Konsumwerbung infrage stellt. Denn sie beeinflusst uns subjektiv wie auch objektiv. Und das aus einer ganz einfachen Haltung heraus. Wir sehen, wir kaufen und wir machen ganz umsonst Mundpropaganda. Und so stehen wir wieder im Fokus der Konversation. Kommunikativ gesehen sind wir lebende und wandelnde Litfaßsäulen. Wir sind Werbeträger und preisen ohne eigenen Nutzen Waren an. Darauf ist die Werbung heute ausgelegt. Verbal empfehlen wir unsere Lieblingsprodukte und kurbeln die Werbung an. Die Entwicklung der Manipulation ist damit völlig aus dem Ruder gelaufen. Denn wer Manipulation hört, geht stets von dem Schlechten in einer Sache aus.

KAPITEL 3: Manipulation in Supermärkten

Dieser Abschnitt betrifft ja wohl uns alle, da es kaum vorstellbar, dass jemand noch nie in einem solchen war.

Teilweise kennen Sie sicher schon jetzt einige Tricks der Supermärkte, damit wir möglichst viel einkaufen, zum Beispiel und vor allem welche Waren in Augenhöhe angeordnet werden, und jene bei der Kasse, bei denen vor allem die Kinder angezogen werden, sind aber auch deshalb wichtig, da wir beim Warten relativ viel Zeit damit verbringen, um an die Reihe zu kommen.

Nunmehr aber die Erkenntnisse eines Experten, und zwar von Thomas Jüngling, Wirtschaftsredakteur der Zeitschrift „Welt", 6.6.2008, dem ist nichts hinzuzufügen, wurde aber auf ein Ausmaß verkürzt, bei dem anzunehmen ist, dass es (fast) alle Leser interessiert.

Zitat aus dem Artikel (Beginn)

"Kein Produkt im Supermarkt steht rein zufällig an seinem Platz. Marketingexperten berechnen ganz genau, wann, wo und wie der Kunde am ehesten zugreift. Dabei werden die Tricks immer raffinierter: Vanilleduft verführt Frauen zum Kauf und flauschige Teppiche bremsen die Einkaufswagen.

Schaufenster werden künftig mit ihren Betrachtern auch reden. Blickt der Passant zum Beispiel intensiv auf das ausgestellte Kaffee-Service, erklärt eine Stimme die Vorzüge des Produkts. Bildschirme im Schaufenster zeigen dann Zusatzdaten zum Porzellan.

Hinter dieser Entwicklung aus der schönen neuen Welt steckt eine Technik, die Philips in dieser Woche vorgestellt hat. Über eine Kamera erfasst Spezialsoftware, wie lange ein Passant ein bestimmtes Produkt betrachtet, und spielt darauf die Ton- und Bilddokumente ein. Das kann

Kunden zumindest schon mal in das Geschäft locken. Dass sie dann mehr kaufen, als sie eigentlich wollten, dafür sorgen noch ganz andere Tricks.

Wenn auf dem Einkaufszettel zum Beispiel nur Milch, Eier, Zahnpasta und Waschmittel standen, so packt der Kunde zu Hause oft genug noch eine ganze Menge anderer Güter aus. Da war noch Joghurt, da waren zwei Flaschen italienischer Wein, recht teure Hausschuhe und eine elektrische Zahnbürste. Nicht selten ärgern wir uns dann und fragen uns, wie es dazu kommen konnte.

Es steckt natürlich ein Plan dahinter. Kaum jemand kauft in einem Geschäft nur die Waren, die auf dem Einkaufszettel stehen. Für mehr als zwei Drittel der gekauften Produkte haben sich die Kunden spontan im Geschäft entschieden. „70 Prozent der Kaufentscheidungen in einem herkömmlichen Supermarkt werden emotional getroffen", sagt Manfred Bruhn, Professor für Marketing an der Universität Basel. Und zahlreiche Forscher weltweit arbeiten daran, dass dieser Anteil noch größer wird.

Microsoft zum Beispiel wird zusammen mit MediaCart ab nächsten Monat Einkaufswagen mit Ortungssendern und Bildschirmen ausstatten. Der Test läuft in Filialen des US-Lebensmittel-Händlers Wakefern. Über ein Funk-Netzwerk lässt sich auf Zentimeter genau bestimmen, welche Wege der Kunde zurücklegt und wann er wo wie lange stehen bleibt. Passend zu den Produkten im Regal zeigt der Bildschirm im Wagen Werbespots.

Ganz besonders offene Kunden ziehen vor dem Gang durch den Markt ihre Kreditkarte durch ein Lesegerät. So kann der Rechner im Wagen den Kunden identifizieren und schon nach drei oder vier Besuchen im Geschäft Tipps für den Einkauf geben. Damit lassen sich Kaufprofile erstellen. Letztlich machen Werbe-E-Mails Kunden automatisch darauf aufmerksam, dass in den kommenden Tagen ihr Vorrat an Zahnpasta zu Ende geht.

Auch die Musik kommt nicht wahllos aus den Lautsprechern. Gehen morgens die Rentner einkaufen, sind die Klänge ein wenig rustikaler, kommen die Jugendlichen mittags aus der Schule, wird es lauter, und für die gestressten Büroangestellten erklingen nach 18 Uhr ruhige Stücke. Wein verkauft sich am besten bei Berieselung mit klassischer Musik.

Gibt es deutsche Weisen zu hören, greifen die Kunden eher zu Riesling, erklingt italienische Musik, ist es der Chianti. Am besten ist Musik, wenn sie gemäßigte 72 Taktschläge pro Minute liefert. Alles andere schläfert ein oder schlägt Kunden in die Flucht.

Besonders wichtig für die Marktbetreiber ist es, dass die Frauen schon am Eingang ihre männliche Kaufbegleitung loswerden. Das gilt zumindest für Kaufhäuser und Supermärkte, nicht jedoch für Elektronik- und Heimwerker-Märkte. Gehen Frauen mit Frauen einkaufen, heißt das Shopping, und es dauert doppelt so lange, als wenn Frauen mit Männern einkaufen gehen.

Sehen Männer nicht sofort eine Umkleidekabine, gehen sie wieder.

Sind Männer allein, rennen sie durch den Laden, arbeiten stur ihre Einkaufsliste ab und hetzen wieder zur Kasse. Zwei Drittel von ihnen kaufen die Jeans, die sie mit in die Umkleidekabine genommen haben, bei Frauen ist es nur ein Viertel. Sehen Männer, die Umkleidekabine nicht sofort, gehen sie wieder. So wichtig ist es ihnen nun auch wieder nicht, eine neue Jeans zu kaufen.

Solche Details beim Aufbau eines Geschäfts können entscheidend für das Kaufverhalten sein. Es beginnt damit, dass die Eingänge fast immer rechts auf der Frontseite sind, da sich Menschen gern gegen den Uhrzeigersinn bewegen. Beim Gang durch das Geschäft stoßen Kunden alle paar Meter auf Paletten, Ständer oder Tische, die den Weg versperren. Sie sollen nicht nur den Blick auf die dort platzierten Waren lenken, sondern das Tempo drosseln. Dieses Verfahren heißt Blocking.

Abbremsen ist wichtigstes Mittel, Kunden zum Kaufen zu bringen. Direkt hinter der Eingangstür zum Beispiel soll der Kunde erst einmal innehalten. Die ersten Waren kommen frühestens fünf Schritte hinter der

Tür. Damit Kunden möglichst gemächlich vorankommen, ist der Untergrund entsprechend schwergängig. Bei Waren, die der Marktbetreiber am ehesten verkaufen möchte, ist der Teppich am flauschigsten. Das bremst den Wagen ab.

Für Senioren sind Sessel nötig, die möglichst bequem sein sollten

Für Senioren – vor allem in Begleitung der Familie – sind Sessel nötig. Bei Opa können dann die Enkel ihre ausgesuchten Produkte deponieren. „Die meisten Sessel sollten bequem sein, anders als in Fastfood-Restaurants. Deren Hocker sind so gestaltet, dass Kunden höchstens zehn Minuten komfortabel darauf sitzen können", sagt Paco Underhill, Chef von Envirosell, einer der weltweit einflussreichsten Beratungsfirmen für Einkaufsmärkte.

Im ersten Drittel eines Regals stehen möglichst viele unterschiedliche Produkte. Das zwingt den Käufer zum langsameren Gehen, wenn er die Waren alle erfassen möchte. Nach einem Drittel des Regals kommt fast jeder Kunde zum Stillstand. Daher stehen hier die Waren, die am ehesten verkauft werden sollen.

Hoch getürmte Stapel, Großpackungen und bunte Hinweisschilder signalisieren, ein Produkt sei billig – auch wenn es gar nicht stimmt. Paletten und Schilder mit der Aufschrift „Nur heute im Angebot" suggerieren, dass die Ware schnell vergriffen sein könnte. Also lieber gleich in den Wagen legen. Und dieser Wagen ist ganz besonders groß und will prall gefüllt sein. Am besten mit teuren Produkten, die daher in Augenhöhe und rechts in der Greifzone liegen. Sogenannte Schnelldreher wie Milch und DVDs, die Kunden häufig kaufen, sowie günstige Produkte sind eher unten links in der Bückzone.

So manipulierbar, wie Marketing-Forscher es sich wünschen, ist der Mensch nicht.

Dinge, die Kunden immer gebrauchen, befinden sich in der Streckzone ganz oben im Regal, zum Beispiel Zahnpasta. Wer sich dahin streckt, dessen Augen ruhen beim Zugreifen garantiert auf etwa der teuren elektrischen Zahnbürste. Die günstigeren Modelle liegen in der Regel an der Stirnseite des Regals, damit der Kunde die Preise nicht direkt vergleichen kann.

Zitat von der Homepage (Ende)

Der Supermarktstrategie

Kennst du das, drei Sachen und ich bin durch. Nein bist du nicht. Denn jedes Regal überfällt dich regelrecht. Es streckt seine gierigen Tentakel nach dir aus und du bleibst daran haften. Hier noch ein Shampoo, der Sekt ist im Sonderangebot und vorne an der Kasse wirst du geschickt mit Krimskrams bombardiert. Und du denkst, cool was für Schnäppchen und freust dich über die Angebotsvielfalt. Dahinter steckt ein ausgeklügeltes System, das die Konzerne und Unternehmen mit Verhaltensforschern geschickt ausarbeiten und in Szene setzen. Millionen von Kunden fallen darauf herein, wie du eben auch.

Wir lassen uns manipulieren und werden buchstäblich abgezockt. Die Hirnforschung kann durch Algorithmen und dem Streulicht, das Aufflackern der einzelnen Nervenzellen auflösen. Was bedeutet, der Mensch ist nach den Versuchstieren als Nächstes dran. Der gläserne Mensch, entfacht sich zum Gedankenlesen. Denn wir kennen nun sein tiefstes Inneres ganz genau. Und somit manipulieren wir ihn in jedem Gesellschaftsbereich und kurbeln die Konjunktur weiterhin an. Kaufen und verkaufen um jeden Preis mit einem Quäntchen Manipulation. Wer kann dazu schon nein sagen. Dem Zebrafisch und Fadenwurm, haben die Forscher schon ins Gehirn geschaut und uns bald auch? Supermärkte sind hier schon nahe dran, denn sie gehören zu unserem täglichen Lebensbereich.

Wir kaufen unbewusst ein und essen unbewusst. Das Ergebnis zeigt sich sogleich auf der Waage. Somit ist selbst das Übergewicht eine reine Manipulation. So, als würden Lebensmittelgeschäfte mit der Abnehmindustrie Hand in Hand arbeiten. Manipulieren ist ein Tagesgeschäft und nimmt im Verkauf Milliarden ein. Supermärkte entzücken uns mit Vorteilsstrategien und machen uns schmackhaft, was uns nicht interessiert. Dennoch kommen wir zum Entschluss, ich brauche es nicht, es schmeckt nicht gut, aber ich bin froh es gekauft zu haben.

Das sogenannte „Ich will haben Prinzip“. Sehe man sich so manche Einpersonenhaushalte an. Die Einkaufswägen voll bis oben hin und die Hamsterkäufe thronen. Nicht dass man es braucht, man will es einfach nur haben und so entsteht ein gutes Gefühl. Das hier die Manipulation gesiegt hat, kommt den Wenigsten in den Sinn. Einkaufszettel sind ein Relikt aus vergangenen Tagen und Schnee von gestern. Wir konzentrieren uns auf die Reizüberflutung und lassen uns komplett vereinnahmen. Denn wir haben ja wie immer alles gut im Griff. Doch der Schein trügt.

Tipps und Techniken

Kauf schon mal nicht mit leerem Magen ein und studiere die Angebote genau. Der gute alte Einkaufszettel hat auch in der modernen Zeit noch lange nicht ausgedient. Lass dich nicht beeinflussen und nehme nur so viel Geld wie nötig mit. Zudem sind Wocheneinkäufe günstiger, wie täglich und dass nach dem Zufallsprinzip.

Kommentar des Autors:

Wirklich extrem erschreckend welchen Manipulationen wir ausgesetzt sind, noch dazu in einem Bereich, dem wir nicht ausweichen können, und der uns (fast) täglich begegnet.

Rat von mehreren Experten dazu: schreiben Sie sich zu Hause einen Einkaufszettel mit allen Details, und weichen Sie unter keinen wie immer gearteten Umständen von dieser Liste ab.

KAPITEL 4: Abgasskandal

Sicher hast auch du schon oft genug vom Abgasskandal gelesen und gehört, betrifft er doch schon viele so bekannte Unternehmen wie VW, AUDI, BMW und Mercedes.

Falls nicht bekannt die Entstehungsgeschichte der Aufdeckung des Skandals:

In den USA nahm eine Universität Messungen betreffend Abgase vor, und wählte rein zufällig (!) ein Modell von VW aus. Die Experten glaubten zunächst an einen eigenen Fehler als sie differente Werte zwischen jenen am Prüfstand und auf der Straße vorfanden. Eine Anfrage an die Autofirma wurde zunächst nicht beantwortet, im Laufe der Zeit "bequemte" sich aber VW zu immer größer werdenden Zugeständnissen, dass eine Manipulation vorläge, und gab nach einem weiteren langen Zögern das gesamte Ausmaß zu.

Damit du ein Gefühl dafür erhältst wie teuer der Skandal vor allem VW kommt: Das Unternehmen hat nunmehr 25 Milliarden (!!) Euro zurückgestellt, und zwar für Strafen von Gerichten, Adaptierung der Software und Schadensersatzzahlungen an die Autobesitzer.

Wie kannst du dich als Betroffene/r nun davor schützen?

Die rechtlichen Voraussetzungen sind zwar äußerst verschieden, denn je nach Staat ist eine Sammelklage zugelassen oder nicht, oder eine Einzelklage möglich. Besonders anzuraten ist die Einschaltung einer Rechtsschutzversicherung (natürlich nur dann, wenn du diese schon hast, denn ein nachträglicher Vertragsabschluss ist nicht möglich, da der Schaden ja schon eingetreten ist).

Wie man sieht, ist man als Verbraucher mehr wie verlassen und das im ganz großen Stil. Die Emissionsvorschriften haben versagt und eine skandalöse Umweltbeschädigung wie auch Verbrauchertäuschung liegt nun vor. Das was aus dem Auspuff rauskam, war dem Autofahrer noch lange nicht klar. Doch genau das, muss den geltenden Grenzwerten entsprechen. Und wieder stehen wir vor einem großen Problem, das bei weitem nicht abzuschätzen ist. Volkswagen räumte nach und nach ein, dass in den USA die Grenzwerte bei Diesel-Auto Tests manipuliert worden sind. Wir plädieren auf Umweltschutz und Gesundheitsschutz und leiten Stickstoffoxide aus. Doch nun ist das Kind schon in den Brunnen gefallen und das ach so teure Dieselfahrzeug auf einen Schlag wertlos. Warum? Da die Gier nach Macht und Geld, über dem Bewusstsein für Mensch, Tier und Umwelt steht. Die Manipulation macht es möglich und der Verbraucher, wem soll er letztendlich noch trauen?

Tipps und Techniken

Der Abgasskandal stellt eine Besonderheit in der Manipulation dar. Diese ist fremdgesteuert und war auch so nicht vorhersehbar. Kunden kauften guten Gewissens und VW stellte seine Souveränität in den Schatten und nicht mehr unter Beweis. Allerdings, Vertrauen ist die Basis für jedes gute Geschäft. Vor dem Kauf ist nach dem Kauf und so müssen Autohersteller erst mal das Vertrauen wieder zurückgewinnen.

KAPITEL 5: Manipulation im Internet

Jeder von uns hat sicher schon Google verwendet, denn schon seit Jahren gibt es auch das Wort "googeln", ABER hättest du daran gedacht, dass dabei eine Manipulation zumindest im Bereich des Möglichen liegt? Einen überaus aufschlussreichen Artikel gab es dazu in der Süddeutschen Zeitung vom 20. September 2016, und zwar geschrieben von einem absoluten Experten (hier in verkürzter Form). Der Informatiker Sandro Gaycken, 42, war lange aktiv im Chaos Computer Club und berät heute Unternehmen und Institutionen wie die Nato in Fragen der Cybersicherheit.

Zitat aus dem Artikel (Beginn)
„Google und Facebook können die Meinung ihrer Nutzer beeinflussen. Das ist gefährlich!
Gegenwärtig wird ein Effekt als neue große Bedrohung diskutiert: der SEME (Search Engine Manipulation Effect). Er wird seit 2012 von Robert Epstein vom American Institute for Behavioral Research and Technology erforscht. Epstein konnte nachweisen, dass die gezielte Manipulation der Ergebnisse von Websuchen zu politischen Themen in Suchmaschinen eine Meinungsänderung zugunsten des Manipulators bewirkt. Eine sehr effektive Art der Beeinflussung, wie es scheint: Mehr als ein Viertel der Suchenden änderten ihre Haltung. Einzelbewertungen wie zum Beispiel zum Fracking konnten ebenso modifiziert werden wie das Wahlverhalten im Ganzen. Und alles völlig unbewusst, kaum ein Proband hat Manipulationen auch nur vermutet. Denn das Internet und seine Suchmechanismen werden als objektive Instanzen erachtet, Ergebnisse von Google oder Yahoo als vollkommen neutral.

Ob die Algorithmen aber wirklich unabhängig sind, weiß niemand. Sie sind streng geheim. So verschaffen sie den Betreibern eine enorme Macht.

Das wohl mächtigste Unternehmen dieser Art ist Google. Mit seinen gigantischen Marktanteilen hätte der Konzern ein De-facto-Monopol auf die Meinungsbildung in den meisten Ländern. Das jüngste Beispiel ist Yahoo. Wer dort versucht, einer möglichen manipulativen Macht von Google zu entkommen, surft doch nur wieder auf Google.

Epstein mutmaßte unlängst sogar, dass der demokratische Prozess durch Google längst manipuliert werde. Hillary Clinton hat im April 2015 Stephanie Hannon von Google als Chief Technical Officer engagiert. Kurz darauf eröffnete Eric Schmidt, CEO von Google, eine Firma mit dem Namen "The Groundwork" und dem erklärten Ziel, Clinton zur Präsidentin zu machen. Was genau dort passiert, weiß kaum jemand. Aber wenn Google die Macht seiner Algorithmen einsetzt, könnten viele Millionen nicht fest entschlossene Wähler völlig unbewusst zu Clinton-Anhängern manipuliert werden.

Auch bei Facebook entsteht eine Variante einer Manipulationsmaschine. Die Firma bietet seit einiger Zeit gezieltes politisches Marketing an. Trump etwa hat das gebucht. Von Facebook als "politisch moderat" gelabelte Personen erhalten seit einiger Zeit deutlich mehr und für die Zielgruppe feingeschliffene Werbung des Republikaners. Aber einfache Werbung durch Einblendungen oder Post Booster muss dabei nicht alles sein.

Im Fall von Facebook liegen die perfiden Untiefen stärker in der Macht der Profilbildung und der assoziativen Manipulation. Der Konzern kann mit seinen eigenen, ebenfalls unbekannten Algorithmen leicht politische Profile über seine Nutzer anlegen. Der Vergleich der Profile ermöglicht dann die Identifikation weiterer Korrelationen zwischen anderen Interessen und von dort neue Rückschlüsse auf politische Haltungen. Da der Algorithmus auf allen Daten arbeitet, quer über alle Links und Likes, ergeben sich gigantisch viele Korrelationen. Viele Tausend Datenpunkte können entstehen und die genaue Struktur und Rangfolge politischer Interessen abbilden. Die Präzision könnte so hoch sein, dass die Profile bereits als Unterwanderung des Wahlgeheimnisses erachtet werden

könnten. Vor allem ergeben sie aber viele und unendlich feine und subtile Optionen der Beeinflussung, die in der hohen Dynamik sozialer Medien sogar stetig gemessen und verbessert werden können".
Zitat aus dem Artikel (Ende)

Zu Facebook aktuelle Ereignisse:

Bei der Befragung des Chefs von Facebook vor dem Kongress der USA am 11. April 2018 meinte dieser u.a. er trage die Verantwortung für negative Ereignisse, zum Beispiel und vor allem wegen der illegalen Weitergabe von Nutzerdaten. Was aber nützt uns diese Bemerkung, wenn keine Konsequenzen daraus gezogen werden, oder nur sehr wenig Wirksame. Übereinstimmenden Presseberichten zufolge waren die Abgeordneten extrem mangelhaft auf die Befragung vorbereitet und ließen sich mit wenig aussagekräftigen Antworten „abspeisen".

Ähnlich verlief die Befragung von Zuckerberg vor den Vertretern der EU am 23.Mai 2018, die Pressemeinungen zu den dessen Antworten gingen von PR-Gag bis peinlich.

Lass dich vom Internet nicht manipulieren

Ein Tastenklick und wir kommen der Manipulation Schritt für Schritt näher. Nicht, da uns Hacker den Garaus machen. Nein, wir lassen uns von all den vielen Seiten in die Irre führen. Selbst ein nicht gewollter Kauf, ist die Manipulation schlechthin. Täglich surfen wir viele Stunden im Netz. Auf der Suche nach Informationen, aus Langerweile oder da wir einen Kauf tätigen. Wir lassen uns von Chatrooms begeistern, lernen Menschen kennen und leben schlichtweg in einer Cyberwelt. Jeder Bereich manipuliert. Tatsächlich werden wir absichtlich nach einem gewissen System geleitet. Wie? Ganz einfach. Du benötigst bspw. ein Nasenspray, nichts Besonderes und die Auswahl ist groß. Kaum hast du die Bestellung aktiviert und surfst weiter, schon poppen die besten Angebote auf. Und klar das eine oder andere, könnte man noch gebrauchen. Du hinterlässt Surfspuren und egal wofür du dich interessierst, das Netz wirft ein Auge darauf.

Demzufolge wirst du zum Sklaven deiner selbst. Du siehst dich fast schon genötigt dich präsent zu zeigen. Ob es beim Einkauf ist, beim Chatten, wie auch Facebook oder etlichen Foren. Sie alle manipulieren und greifen unentwegt in dein Leben ein. Du bist fast schon süchtig nach Smartphones und Co. Die digitale Welt hat dich fest im Griff und Google zeigt dir den Weg auf. Schulden und Kredite entstehen oftmals aus diesem Grund. Die Versandhäuser bieten Zahlpausen an und die Falle schnappt zu. Die Manipulation wird dennoch immer noch von dir selbst gesteuert. Benötige ich ein Fernsehgerät, warum brauche ich gleich noch ein neues Topf-Set dazu. Richtig, es wurde uns schmackhaft präsentiert und wir haben gleich mal zugeschlagen. Und so lassen wir uns auch vom Handelsriesen Amazon in die Enge treiben. „Nur noch 1 Stück auf Lager", gerne hätten wir uns noch gerne etwas Bedenkzeit eingeräumt. Doch dann ist es ja weg. Das kleine Menschlein im Universum der digitalen Macht.

Wie sehr bist du manipulierbar? Das erste was wir morgen machen, die Nachrichten checken. Vielleicht wäre es mal schön den Tag zu begrüßen, den blauen Himmel, das Vogelgezwitscher und sich selbst wahrzunehmen. Nein wir hängen lieber gleich mal im Internet ab. Erkennst du dich wieder? Du als angeblich selbstbewusster Mensch lässt dich manipulieren. Das Smoothie Rezept aus dem Internet, die Flugreise aus dem Onlinereisebüro und deine Freundin hast du aus einem Online Dating heraus kennengelernt. Somit wärst du ohne das Internet ein Nichts und niemand. Bankgeschäfte, der Autokauf, eine Fragestellung und die schöne weite Welt, zeigen sich hier von ihrer besten Seite. Schon lange sehen wir das Internet als völlig normal an und es gehört einfach dazu. Denn eigentlich werden wir auch gerne manipuliert. Die Gefahren ignorieren wir, sie stehen dabei auf einem anderen Blatt.

Laut einer Studie fühlen sich dennoch gut 40 % der Befragten vereinnahmt. So können sie nicht mehr richtig abschalten und sich zurückziehen und Kraft tanken. Wie auch, das Internet ist allgegenwärtig. Tag und Nacht erreichbar, ohne seinen eigenen Abschaltmodus zu aktivieren. Und genau diese Manipulation bezahlen wir mit unserer

Gesundheit. Wir stehen oftmals unter Zugzwang, den Stressfaktoren können wir nicht mehr aus dem Weg gehen, aber ziehen wir wirklich unsere Konsequenzen daraus? Unsere Kinder werden in dieses Spektakel hineingeboren und kommen fast schon mit dem Tablet zur Welt. Suchen wir Rat, Dr. Google hilft in jedem Fall weiter.

Tipps und Techniken

Das Internet ist eine feine Sache und ein Nutzen und Gewinn. Wenn du das auch weißt, ist es perfekt. Gönne dir aber auch Auszeiten, lasse dich nicht vereinnahmen und mach es dir zum Untertanen. Aber bitte nicht umgekehrt. Lasse dich nicht negativ von Angeboten beeinflussen und gebe deine Identität nicht öffentlich preis. Und Vorsicht bei dubiosen Krediten, die zwingende Angabe deiner Kontodaten und leeren Versprechungen. Denn mit einem Tastenklick kann mehr passieren als du denkst. Der Leidtragende bis dann du!

KAPITEL 6: Manipulation im Beruf

Für alle noch Berufstätigen eine Kurzdarstellung in einem Lebensbereich, der naturgemäß ebenfalls Manipulationen ausgesetzt ist, weiterführende Literatur findet ihr im Internet, für Beratungen kann es nützlich sein, den Betriebsrat zu kontaktieren, oder/und die zuständige Fachgewerkschaft.

Der nachstehende Artikel erschien am 8. Februar 2016 in der „Frankfurter Allgemeinen", Autorin: Josefine Janert, und wurde adaptiert, wieder um die Verständlichkeit zu verbessern:

Eine Führungskraft im öffentlichen Dienst, hat promoviert und ist eine international anerkannte Größe, hat fünf Jahre benötigt, um die „Spielchen" ihres Chefs zu durchschauen. So gab es zum Beispiel und vor allem ein Problem mit einer anderen Führungskraft, die für ihr Projekt zuarbeitete.

Als sie mit ihrem Chef unter vier Augen darüber sprach, stimmte er ihr sofort zu, er lobte sie sogar: „Wenn überhaupt jemand mit dieser schwierigen Situation fertig wird, dann sind Sie es!"

Das sagte der Chef und tat: nichts! Alles blieb beim Alten. Erst später stellte sie fest, dass er auch die andere Konfliktpartei so besänftigte: recht geben, loben und den Konflikt weiter schwelen lassen. Dabei vermittelte der Mann jeder der beiden Führungskräfte, dass sie in seinen Augen etwas Besonderes sei. „Das verhinderte, dass wir uns gegen ihn solidarisierten", sagt die Frau. „Mein Chef ist nicht konfliktfähig", resümiert sie. „Seine Fähigkeiten als Manipulator übersteigen seine fachlichen und sozialen Kompetenzen bei weitem."

Der Rhetoriktrainer Werner Dieball aus Wiehl berichtet: „Von Menschen, die ich coache, höre ich oft die Frage: Wie kann ich Rhetoriktechniken erlernen, um unfaire, manipulative Angriffe abzuwehren und mich davor zu schützen?" Er glaubt, dass gerade Vertriebsmitarbeiter von ihren

Vorgesetzten manipuliert werden. Sie sollen mehr arbeiten und den Umsatz steigern - und notfalls dafür auf Freizeit verzichten. „Wer schwach ist, Existenzängste hat, fühlt sich in einer solchen Situation womöglich unter Druck gesetzt“, sagt Dieball.

Ankereffekt beeinflusst Gehaltsforderung

Nach Beobachtungen von Thomas Wilhelm kommen in der Wirtschaft vermehrt Erkenntnisse aus der kognitiven Psychologie zum Einsatz. Eine wesentliche Manipulationstechnik stellt dabei der Ankereffekt dar.

Die Ankertechnik kommt auch bei Gehaltsverhandlungen zum Einsatz, wenn etwa der Chef zu Beginn beiläufig sagt: „In unserem Haus sind Gehälter um 2000 Euro üblich.“ Wird dieser Satz auch noch von einem „emotionalen Appell“ (Definition "Wilhelm") begleitet, fällt es dem Mitarbeiter schwer, eine höhere Summe zu verlangen. Gegen diese Manipulation hilft beispielsweise, sich vorher über branchenübliche Gehälter zu informieren und im Gespräch seine Erfolge aufzuzählen. „Generell schützt man sich gegen Manipulation, indem man sie kennt und wiedererkennt“, sagt Experte Wilhelm.

Für Anerkennung sorgen

Viele Firmen entpuppen sich als sogenanntes Haifischbecken. Hier wird gemunkelt, getrickst, Intrigen gesponnen und manipuliert. Wer oben schwimmt, hat Glück. Wer untergeht eben Pech. Jeder für sich versucht sich gut darzustellen und sich über dem Marktwert zu verkaufen. Meist unter widrigen Bedingungen, unfairen Mitteln und der eine oder andere schmückt sich mit fremden Federn. Auch du kannst für Anerkennung sorgen, indem du dich nicht mit den anderen „Hühnern“ auf eine Stange stellst. Lass dich niemals auf den Kollegenpoker ein und setze dich nicht unter Druck. Ehrlichkeit währt am längsten! Manipulieren ist gut und schön und ist im Rahmen sicherlich erlaubt. Dennoch bist du in gewisser Weise dein eigener „Herr“. Es gibt die Kollegen, die gehen mit dem Kopf durch die Wand und koste es, was es wolle. Nur lass dich genau von solchen Menschen nicht versklaven. Bleib bei deiner Meinung, denn genau das bist du. Oder möchtest du als Kopie in der Ahnengalerie für Nichtsnutze des Unternehmens enden?

Tipps und Techniken

Ziehe dich geschickt aus der Atmosphäre und gehe nicht auf Manipulationen ein. Vertrittst du dieselbe Meinung, zieht ihr an einem Strang, sonst passt du dich nur den Gegebenheiten an. Schwimme nicht mit dem Strom und werde auch kein Querulant, sondern ein kollegialer Kollege mit Sinn und Verstand. So kannst du auch morgen noch in den Spiegel sehen.

KAPITEL 7: Manipulation durch den Arbeitgeber

Als Zusatz zum vorhergehenden Kapitel eine spezielle Darstellung wie Arbeitgeber manipulieren könnten, Betonung liegt natürlich auf „könnten", denn wir wollen ja nicht unbedingt von einem negativen Ansatz des Themas ausgehen.

Als eine der vielen Möglichkeiten wurde die Zeiterfassung in Unternehmen gewählt, bei denen auch seitens des Arbeitgebers die Möglichkeit besteht zu manipulieren.

Der nachstehende Auszug stammt wörtlich aus einem Beitrag der oberösterreichischen Arbeiterkammer vom 9. Mai 2017.

Anmerkung für die Leserinnen außerhalb Österreichs: Die AK (= Arbeiterkammer) stellt neben der Gewerkschaft eine der beiden Interessenvertretungen der Arbeitnehmer dar.

Zitat aus dem Beitrag (Beginn)
Im Falle von Zuwiderhandlungen sieht § 28 Arbeitszeitgesetz erhebliche Strafen gegenüber den Arbeitgebern/-innen vor, um sie in Zukunft von Arbeitszeitverletzungen abzuhalten. Seit 2016 sind Verstöße gegen die Aufzeichnungspflichten hinsichtlich jedes einzelnen Arbeitnehmers/jeder einzelnen Arbeitnehmerin gesondert zu bestrafen.

Dies führt in der Praxis dazu, dass etwa Software angeboten wird, die trotz gegenteiliger Zeiterfassung diese nachträglich automatisch derart verändert, dass die Zeiterfassung den gesetzlichen Anforderungen entspricht. Dass ein derartiges „Verändern" der Zeiterfassung gegen § 26 Arbeitszeitgesetz verstößt und daher nach der Strafbestimmung des § 28 Arbeitszeitgesetz zu ahnden ist, ist leicht verständlich.

Es soll aber an dieser Stelle darauf hingewiesen werden, dass solche „Veränderungen“ oder richtigerweise "Verfälschungen" auch strafrechtlich relevant sind:

- Verlieren Arbeitnehmer/-innen als Folge derartiger Manipulationen ihre Überstundenentlohnung, weil die Abrechnung der Überstunden nur auf Basis der korrigierten oder „frisierter“ Zeiterfassung erfolgt, so wird der Tatbestand des Betrugs verwirklicht, da durch die Fälschung die Arbeitnehmer/-innen einen Vermögensnachteil erleiden.
- Hinzu kommt auch der Verdacht der Urkundenfälschung, wenn die vom Arbeitnehmer/von der Arbeitnehmerin eingegebenen Arbeitszeitdaten nachträglich verändert werden.
- Dass der Arbeitgeber/die Arbeitgeberin damit einer „saftigen“ Strafe wegen Arbeitszeitverletzungen entgehen will, mag zwar das Motiv, kann aber natürlich kein Rechtfertigungsgrund sein.“

Zitat aus dem Beitrag (Ende)

Solltet ihr Verdachtsmomente haben, dass auch in eurem Unternehmen in dieser Hinsicht manipuliert wird, ist es ratsam sich an den Betriebsrat zu wenden, wenn nicht vorhanden, an eine andere Interessensvertretung der Arbeitnehmer, die dann durch Experten untersuchen lassen können, ob sich euer Verdacht bestätigt.

Die Standpunktvertretung

Niemand muss vor seinem Chef zu Kreuze kriechen und sich schon gar nicht manipulieren lassen. Es gibt leider Vorgesetzte, die setzen ihre Mitarbeiter bewusst unter Druck. Die Manipulation beginnt im Grauzonenbereich und kann zur Zwangsjacke werden. Schon als Kind lernen wir das zu bekommen was wir wollen. Wir nennen es die Standpunktvertretung. Diese geht uns leider mit der Zeit verloren. Und warm? Wir möchten uns anpassen und nicht auffallen und dem Ärger und Stress aus dem Wege gehen. Somit lassen wir uns lieber manipulieren. Im Beruf erfahren wird dann die Psychotricks, denen wir schutzlos ausgeliefert sind. Wir lassen uns kontrollieren und bevormunden, obwohl auch in uns das Manipulationsgen reift.

Die Karriereleiter geht steil nach oben und die Fallhöhe ist tief. Diese zu erklimmen bedarf gewisser Tipps und Tricks. Nur mit dem Eifer und Wissen allein, ist heute wenig an der Macht zu erreichen. Wer gut manipulieren kann, der macht die besten Geschäfte. Er kann Mitarbeiten leiten, Verhandlungen führen und Erfolge erzielen. Sein Vorteil, er setzt seine Strategien in die Tat um. Wer sich durchsetzen kann, der gelangt in die Fußstapfen der Großen und Mächtigen. Mit einer Milchmädchenrechnung und unsicherem Auftreten, hat es noch keiner weit gebracht. Menschen wollen überzeugt, geleitet und begeistert werden. Leider werden Grenzen gerade von Führungskräften nicht mehr eingehalten. Sie setzen ihr Vorhaben rigoros und ohne Verluste in die Tat um. Und so sehen die Zielsetzungen und damit verbundenen Manipulationen aus:

- Einschüchterung
- Unliebsame Aufgaben abwälzen
- Absolute Kontrolle, der sogenannte Kontrollzwang
- Die Steigerung der Produktivität, koste es, was es wolle
- Androhung der Kündigung
- Mobbing
- Sich als Herr und Meister ansehen lassen
- Der Chef ist alles, der Mitarbeiter nichts

Chefs testen bei Vorstellungsgesprächen wie auch Mitarbeitergesprächen schnell aus, wie weit sie gehen können. Und so bringen sie so manchen Mitarbeiter zum Verzweifeln. Gerade labile Menschen, fallen hier schnell in die Psychofalle hinein. Oder werden zu Höchstleistungen gezwungen und enden in einem Burnout-Syndrom. In unserer narzisstischen Gesellschaft, leider keine Seltenheit. Schon beim Einstellungsgespräch werden wir auf den Prüfstand gestellt. Welche Charakterstärken weisen wir auf und welche Qualitäten haben wir vorzuweisen. Ab diesem Zeitpunkt beginnt die Manipulation. Und genau die gilt es zu durchschauen. Du bist kein Spielball und nicht der Sklave des Systems, denk immer daran.

Emotion und Manipulation

Mal ehrlich, wie schnell kann dich dein Partner in die Enge treiben. Dieser Vorgang entsteht aus einer gefühlsmäßigen Bindung, der Liebe und Emotion heraus. Alles Gefühle, die uns leiten und ebenso einschränken und wirken lassen. Ebenso ist die Angst ein sehr starkes wie auch bindendes Gefühl. Denn die Angst vereinnahmt uns und breitet sich immer mehr aus. Sie engt uns ein und nimmt uns Raum und Platz. Chefs kennen die Angst, die sie mehr denn je ausnutzen. Den Verlust des Arbeitsplatzes, sich ausgesondert fühlen und das Ansehen und die Wertschätzung verlieren. Und so beginnen ein finanzieller Abstieg und die soziale Ausgrenzung. Gut manipuliert wirkt der Mitarbeiter sogleich frustriert. Denn er weiß, seine Chancen am Arbeitsmarkt gehen auf null. Zu alt, nicht den Zeichen der Zeit entsprechend und den Aufgaben nicht immer gewachsen.

Normale Ängste und ein Nährboden der Manipulation. Doch niemand sollte sein Licht unter den Scheffel stellen. Und wusstest du, ja Deutschland ist die Gesellschaft, die von Angst geprägt ist. Mal ehrlich, wir wachen doch schon mit Kummer und Sorgen auf. Wir sind emotional und rational und beschränken uns auf das Eigentliche. Und so brauchen wir ein Antimanipulationsprinzip. Etwas das uns animiert, auf die Beine hilft und uns stärkt. So wie es uns unsere Eltern stets gepredigt hatten „Kind versuch auf eigenen Beinen zu stehen“. Schritt für Schritt kämpfen wir uns wieder in das selbstbewusste Leben zurück.

Einschüchterung

Höchstleistungen erbringen und nie Fehler machen und sich stets bewusst allwissend zeigen. Und dennoch zeigt dir der Chef die kalte Schulter. Tja es gibt die sogenannten „Wühlmäuse“ und „Späher“ im Büro. Und die machen deine fachmännische Arbeit zunichte. Sie schmücken sich mit deinem Wissen und Vorgesetzte winken mit Abmahnungen. Du wirst manipuliert und lässt dich in den Bann der Krise ziehen. Und warum? Sie möchten mehr Leistungskraft, schüchtern dich ein und drohen letztendlich mit der Kündigung. All das macht krank und du hast Angst deinen Arbeitsplatz zu verlieren.

Wehre dich: Du hast ein Recht auf eine freie Meinungsäußerung und die steht dir auch zu. Niemand kann dir den Mund verbieten und so widerspreche ruhig mal. Ein Raunen, staunen und verblüffen kommt dir entgegen. Denn Gemeinheiten nimmst du nicht mehr hin. Respekt verschaffen heißt auch, sich gegen Manipulationen zu stellen und diese aus der Welt zu schaffen. Mit Tadel kann man keine Ziele erreichen, mit Lob schon. Zudem entwickelt man sich mit einem gestärkten Selbstbewusstsein, mehr denn je weiter. Nur so wirst du innerlich wachsen und zu neuen Taten und Aufgaben bereit sein. Und bleib dir immer selbst treu, komme, was wolle.

Liebesentzug

Bist du nicht der Liebling des Vorgesetzten, siehst du verdammt alt aus. So entstehen Manipulationen und der daraus resultierende Erfolg oder der tiefe Fall. Denn wer möchte nicht gerne gelobt werden oder einer Beförderung entgegensehen. Zudem wäre mehr Gehalt auch sehr wünschenswert. Chefs bilden dabei gut ausgeklügelte Strategien und lassen Mitarbeiter oft alt aussehen. Zeige Mut und Charakter auf und beweise dich und stehe immer zu dem, was du sagst. Zuckerbrot und Peitsche sind kein Ansporn, sondern machen eher krank. Ungeliebte Aufgaben und Überstunden sind mit einer Strafe versehen. Klopfe ruhig mal an der Tür des Vorgesetzten an und zeige Präsenz und Selbstbewusstsein, das schüchtert auch mal den „Big Boss“ ein. Und Chefs ohne gute Mitarbeiter sind wie ein Reiter ohne Pferd. Halte dir diese Vorzüge ruhig mal vor Augen. Somit besteht ihr aus einem Abhängigkeitsverhältnis, aus dem Geben und Nehmen. Und dieses System hat rein gar nichts mit der Ausbeutung zu tun.

Gehe folgendermaßen vor: Sage nein, wenn du nein meinst und mutiere nicht zum Ja-Sager. Zeige Grenzen auf und überschreite auch du sie nicht. Denn Ausnahmen bestätigen die Regeln. Mach dich nicht von Kollegen abhängig und gehe deinen eigenen beruflichen Weg. Bleib auch in der Arbeitswelt unabhängig und niemand muss des Chefs Liebling werden. Das sind meist Schleimer und Sesselpupser. Und genau dazu gehörst du nicht! Dein Selbstbewusstsein wie auch deine Entschlossenheit bringen dich eher ans Ziel.

Harmonie

Wir sind harmoniebedürftig und leben ungern im Streit. Und somit tun wir auch jedem und allen gerne einen Gefallen. Wir lassen uns manipulieren und hoffen auf ein Wohlgefallen und die erhoffte Anerkennung. Und wenn du es auch nicht für möglich hältst, wir mögen Menschen, die uns ausnutzen. Denn unser Gehirn ist einer gewissen Harmoniebedürftigkeit unterworfen. Sonst könnten wir auch keinem einzigen Konflikt aus dem Wege gehen. Durchschaue dich somit selbst und wehre Manipulationen ab. Harmonie ist ein Anker, aber kein Grund zur Selbstaufgabe. Beruht die Harmonie auf Gegenseitigkeit, dann ist sie ehrlich gemeint und ausbaufähig. Einseitige „Gefühle" dagegen, gerade in der Arbeitswelt, gehen oft zu deinen Lasten.

Die Angst vor dem Nein sagen

Stürmt dein Chef ins Büro und gibt dir Aufgaben die in dieser kurzen Zeit nicht zu bewältigen sind, sagst du sofort zu. Ein kurzer und klar definierter Weg zur Manipulation. Im Nebensatz erscheint eine Gehaltserhöhung, die längst fällig wäre. Ein guter Schachzug, der auch gut unter Druck setzt. Du nimmst das Angebot an und in der Hoffnung mehr Geld zu sehen. Doch so laufen Gehaltsverhandlungen in keinem Fall ab. Arbeit hin und Arbeit her, es geht um das Wesentliche. Du kannst ruhig sagen, ich denke nicht das es in so kurzer Zeit zu schaffen ist, gebe aber mein Bestes. So nimmst du den Druck heraus und musst dich nicht innerlich zerreißen. Im Nachgang lässt du noch den Satz fallen „Eine Erhöhung nehme ich gerne an". So hast du dem Chef den Wind aus den Segeln genommen und nun ist der Gute wieder am Zug.

Auch bei Gehaltsverhandlungen kannst du die Kuh vom Eis hohlen. Fange mit dem guten Geschäftsjahr, deinen guten Ergebnissen und dem daraus resultierenden Lohn an. Du bist ein Teil des Ganzen und der Chef nicht das Universum. Gute Mitarbeiter werden durch mehr Gehalt auch mehr motiviert und nicht manipuliert. Demzufolge lass dich nicht über den Tisch ziehen oder überrumpeln.

Was kannst du tun:

Bleib ruhig und gelassen und halte den Ball flach. Zeige keine Nervosität und bringe keine Hektik in den Raum mit ein. Chefs sind da feinfühlig und setzen gleich mal auf ihre Professionalität. Pokere auch nicht oder feilsche wie auf dem Kamelmarkt, denn es geht um dein Geld. Wandle deine Unsicherheit gleich mal in eine große Portion Selbstbewusstsein um. Wirke dabei freundlich und souverän. Bleibe höflich und gelassen und vertage sonst die Gehaltsverhandlungen, wenn sie für dich nicht eindeutig und zufriedenstellend sind. Sage lieber nein als ja. Erarbeite dann ein neues Konzept und spreche nicht frei Schnauze. Dein Chef soll ruhig merken, dass du gut vorbereitet bist. Lasse dich in keinem Fall aus der Fasson bringen und achte auf deine Körperhaltung und Ausstrahlung.

Von Kindesbeinen an

Manch einer wird zum Chef geboren. Hatte er schon im Sandkasten das Zepter in der Hand. Er manipulierte schon da und lernt aus seinen psychologischen Mustern und seinen objektiven Perspektiven. Manchen Menschen fällt es wiederum schwer zu manipulieren und das zeigt eine Kindergartenstudie auf. So unterliegen wir in Konfliktsituationen drei folgenden Mustern. Der Flucht, dem Angriff und dem Totstellen. Kinder verstummen oder schreien, andere zeigen ein devotes Verhalten auf. Aus der Prägephase der Kindheit nehmen wir dieses Verhalten mit in das Erwachsenenalter. Und so werden wir schon fast zum Chef oder Angestellten geboren. Folglich wurde uns ein bestimmtes Manipulationsgen in die Wiege gelegt. Trotz alledem kannst du es beeinflussen und richtungsweisend bestimmen. Denn du hast dein Verhalten wie auch deine Zukunft selbst in der Hand.

Nutze dennoch die Gunst der Stunde und nehme folgende Techniken wahr:

- Fuß-in-der-Tür-Technik
- Das Geben- und Nehmen-Prinzip
- In andere Rollen schlüpfen
- Der Herdentrieb
- Der Autoritätstrick
- Die Gefühlsebne
- Die Knappheitsfalle
- Die Bewusstheitsebene
- Die Informationstechnik

Jedes Segment der punktuellen Aufführung ist eine optimale Manipulationstechnik. Psychologische Tricks, um sich mitzuteilen und seine Bedürfnisse in den Vordergrund zu stellen. Und denk bitte daran, alle anderen wenden sie auch an. Daher sind der Erfolg und das Durchsetzungsvermögen, ein kleines aber sicheres „Geheimrezept". Manipulativ und konstruktiv ans Werk gehen ist demzufolge keine Schande. Ganz im Gegenteil, es kann auch ein großer Nutzen für die Allgemeinheit sein. Aber nur dann, wenn niemand davon Schaden nimmt und Intrigen nicht im Spiel sind. Fairplay ist dabei das oberste Gebot!

Fuß-in-der-Tür-Technik

Mit dieser Manipulation erhöhst du den Druck und zwar ganz massiv. Man könnte von Manipulation gegen Manipulation sprechen. Eine äußerst wehrhafte wie auch beeindruckende Anwendung mit Erfolg. Denn du setzt deine Stimme wie auch deinen Körper ein. Dieser Prozess wird auch „Beharrungsfalle" bezeichnet. Dennoch stellst du keine Bedrohung dar und übst keine Gewalt aus. Denn du trittst ja keine Tür ein, sondern bringst dein Gegenüber dazu, in deine Richtung zu schwenken. Es geht somit um deine Überzeugungskraft und du fällst nicht gleich mit der Tür ins Haus. Nutze deine Redekunst und setzte deine Fähigkeiten ein, die überzeugende Argumente neu definieren.

Das Prinzip von Geben und Nehmen

Die gute Basis eines Ehepaars beruht auf Gegenseitigkeit und dient der zwischenmenschlichen Gemeinschaft. Somit reden wir von dem Prinzip „Geben und Nehmen". Im geschäftlichen Bereich handelt es sich nicht um Gefühle, sondern um Leistung gegen Geld. Dieses Prinzip stellt eine Basis an Arbeitsbereitschaft dar. Demnach entstehen epochale Binde- und Funktionsglieder mit einer Zusammenhaltskonstellation. Wird diese durch massive Manipulationen beeinflusst, stellt sich ein Vertrauensbruch ein. Gerade Chefs haben dies gut in der Hand. Eine ausgeglichene und ehrliche Mitarbeiterführung ist dabei Gold wert.

Der Herdentrieb

Du willst überzeugen? Dann beziehe nicht nur den Überzeugenden, sondern sein ganzes Umfeld mit ein. So ist die ganze Gruppe sehr manipulierbar. Demzufolge auch beeinflussbar und gut zu lenken und zusteuern. Ist einer überzeugt, sind es viele andere auch. Schau es dir in den Medien an. Klatscht einer im Konzern, machen alle anderen es ihm gleich. Gleichgesinnte mit einem Hobby und einer Portion Manipulation. Denn man selbst hätte wohl nicht von sich aus in die Hände geklatscht. Demzufolge bildet sich eine Gruppenmeinung.

Der Autoritätstrick

Nur wer glaubhaft auftritt und mit glaubhaften Argumenten von sich reden macht, der kann gut manipulieren. Dazu benötigt es eine persönliche und positive Ausstrahlung und Menschen, die leicht beeinflussbar sind. Übrigens, glaubhafte Argumente bedeuten noch lange kein situationsbezogenes Fachwissen. Hier heißt es tarnen und täuschen. Die Wahrheit liegt folglich im Verborgenen. Der Autoritätsanspruch ist dennoch hoch.

Die Knappheitsfalle

Kennst du das, das tolle schwarze T-Shirt, die letzte Wohnung im Angebot und der Bestand gleich auf null. So treiben Verkäufer wie auch Teleshopping-Sender die Käufer in die Irre. Daher gewinnen Produkte mehr an Attraktivität. Du wirst quasi manipuliert, um zu kaufen.

Die Gefühlsebene

Kommt man bei einer Manipulation mit der Sachebene nicht ans Ziel, greift man auf die Gefühlsebene zurück. Ein guter Versuch, um die Seele miteinzubeziehen. Dabei werden Dinge nicht mehr nur rein objektiv angesehen.

Freundschaftliche Ebene

Du kennst es sicher auch, bei einem sympathischen Menschen einen Wunsch abzuschlagen ist schwer. Hier kommt dir die Manipulation dennoch zugute. Denn Wünsche können verändert werden und eine andere Sichtweise entsteht. Demzufolge manipuliere freundschaftlich und höre zu. Suche nach Lösungsprinzipen, wenn du nicht helfen kannst.

Bewusstes Informationsmanagement

Unser Kaufverhalten wird durch die Informationsflut gesteuert und meist auch negativ beeinflusst. Dienstleister nehmen die Werbung als Steuerboard in die Hand. Gerade Arbeitgeber nötigen ihre Mitarbeiter zu wahren Verkaufserfolgen mit der lockenden Provision. Folglich entstehen die Manipulationen auf beiden Seiten. Käufer wie Verkäufer werden manipuliert.

KAPITEL 8: Manipulation in der Schule

Wieder ein Bereich, der uns alle betrifft, und wahrscheinlich habt auch ihr nicht nur gute und tolle Erinnerungen an eure Schulzeit, und wurdet – soweit ihr es überhaupt bemerkt habt – manipuliert!

Anbei ein Ausschnitt aus einer öffentlichen Veranstaltung in Wien, der auf YouTube am 12. April 2014 veröffentlicht wurde, und in der unter anderem die Professorin eines Gymnasiums, die dort bereits seit 20 Jahren tätig ist, zum Schulsystem Stellung nimmt.

Eine Form der Manipulation meint sie, sei es, dass die Professoren durch das ziemlich fix vorgegebene Bildungssystem Zwängen ausgesetzt sind, die es weitgehend verhindern, dass die Schülerinnen flexibel unterrichtet werden, sei es bezüglich tagesaktueller Themen, Ideen, die Professoren und/oder Schülerinnen einbringen können usw.

Der Druck auf die Professoren wird sogar manchmal so groß, dass es im Schnitt pro Monat zu einem Selbstmord kommt, und zwar bedingt durch Burnout.

Außerdem treten, ihrer Meinung nach, viele Kinder in die erste Klasse der Oberstufe ein, frisch, munter und motiviert, verlieren aber oft – ebenfalls durch das meist starre Schulsystem – die Freude am Lernen, und gehen nicht mehr in die Schule, weil eben der Zwang vorhanden ist.

Ein wichtiger Ausweg aus den geschilderten Situationen, wäre eine möglichst starke Vernetzung von Professoren, Schülerinnen und Eltern, um den Kindern Freude am Lernen zu geben, und somit die Schule nicht nur als Bildungsanstalt zu sehen, sondern als eine ganz wichtige Möglichkeit sich praxisbezogen und ausreichend auf das zukünftige Leben, aber vor allem auch auf den Beruf vorzubereiten.

Die Professorin weist auch auf den Film “Alphabet” mit dem Untertitel “Angst oder Liebe” hin.

Auszug aus Wikipedia, 14. Oktober 2016:
„Alphabet ist ein österreichischer Dokumentarfilm, der ein kritisches Licht auf die zunehmende Konkurrenz in der Bildung wirft.

Der 2013 veröffentlichte Film ist nach We Feed the World und Let's make money der dritte österreichische Dokumentarfilm von Erwin Wagenhofer. Kinostart war in Österreich der 11. Oktober 2013, in Deutschland der 31. Oktober 2013.[2]“

Kritik:
„*Wir müssen anders leben*, sagte Wagenhofer schon über We feed the World. Diese Dringlichkeit macht sein Werk aus. Damit setzt er sich von der Katastrophen-Dramatik ab, der manche seiner Kollegen erliegen, und wird zum Quälgeist, denn verantwortlich ist für ihn nicht das System, sondern jeder einzelne. Die Forderung nach einer eigenen Haltung hat er nie drängender gestellt als in Alphabet.“ Oliver Kaever: Die Zeit vom 1. November 2013“ Oliver Kaever: Die Zeit vom 1. November 2013“.

Die Schulbank drücken

Laut eines Professors sind Schulen heute reine Vertrottelungsanstalten, so seine Worte. Schüler werden von Anfang manipuliert und das Bildungssystem hat ausgedient. Schauen wir uns alleine schon die Null-Bock-Fraktion an. Und genau die ziehen die guten Schüler mit ins Verderben. Warum auch lernen, Internet und Co. sind allwissend und allzeit bereit. Die neuen Sozialhilfeempfänger drücken die Schulbank und nagen dennoch nicht am Hungertuch. Bereits die 1. Klasse zeigt, wie werde ich sein, mich geben und auch fürs Leben lernen. Bin ich bereit mich diesen Anforderungen zu stellen oder schwimme ich im Strom der Versager mit.

Etliche Lehrer haben es schwer, denn ein „schwarzes Schaf" manipuliert die Klasse. Der Anführer wahrliche keine Intelligenzbestie, dennoch durch sein Verhalten vereinnahmend. Und so zieht sich das Drama durch ein ganzes Leben lang. Denn wir stellen keine Verbindung mehr zwischen Wissen und Leben her. Daher fordert der Präsident der Europäischen Akademie der Wissenschaften, Felix Unger, neue Maßnahmen. Zugleich geht er mit dem deutschen Bildungssystem auch hart ins Gericht.

Die Wertschätzung der Schule nimmt drastisch ab. Um nicht zu sagen, Kinder drücken die Schulbank, um nicht auf der Straße zu stehen. Körperlich anwesend, geistig leider nicht. Vorrangig ist das Internet schuld an dem Schlamassel. Denn Realität und Fiktion stehen nicht mehr im Unterschied zueinander. Während die Lehrer sprechen, werden Apps ausgetauscht. Warum zuhören, man will es doch eh nicht wissen. Ein blindes und taubes Volk von Schülern mit einem hohen Aggressionspotential. Faul, dumm und laut werden sie genannt und die guten Schüler ausgebrannt. Die gehen in der Masse der Manipulation einfach unter.

Ein guter Schüler ist nichts wert

Streber wird er genannt und gleich schon aus der Klasse verbannt. Er kann reflektiert denken, die anderen nicht. Sie sitzen die Zeit ab und manipulieren den Rest. Die Null-Bock-Generation wächst heran. Hauptschüler ohne Abschluss und ohne eine Vision. Die Allgemeinbildung bleibt seit langem auf der Strecke. Doch nicht nur das Schulsystem hat Schuld, in hohem Maße sind es die Eltern. Sie bieten keinen Mehrwert und sind manchmal arbeitslos und leben die Einfachheit des Daseins vor. Warum gut sein, wenn es auch mit schlechten Noten gut weitergeht. Das Schulsystem geht in die Knie und weist einige gravierende Mängel auf. Nicht der gute Schüler gibt den Ton, nein auf den schlechten wird Rücksicht genommen. Und schlecht, ja schlecht sind viele.

Schule, Lehrer und Schüler müssen eine Einheit bilden

Auch die Lehrer bieten nicht das an was sie sollen. Es geht nicht um den Lernstoff an sich, es geht um die Qualität des Erlernten und der fachlichen wie auch menschlichen Kompetenz. Zudem hat dem Schulsystem die 68-er Bewegung geschadet. Und so zieht sich die Katastrophe dahin. Kinder und Jugendliche stellen keine Verbindung zu unserem Schulsystem her. Es entspricht eher einer Abwehrhaltung. Die Manipulation findet außerhalb der Schulgebäude statt. Man muss „lernen" und geht hin. Interesse und Freude sind da eher Fehlanzeige. Lehrerberufe sind uninteressant und wecken kein Anreiz mehr. Die Bücher sind veraltet wie die Lehrer ebenfalls. Heute stehen Computerprogramme an und ersetzen das Denken und die Fähigkeit zu kommunizieren.

Die Technologie manipuliert die Schulen und das Hirn sagt leise Ade. Die Ausdrucksfähigkeit bleibt auf der Strecke, ebenso die Weiterentwicklung und Intelligenz. Denn nur wer gefördert und gefordert wird, kommt im Leben ein gutes Stück weiter. Lernen ist kein Krampf und Kampf, sondern ein guter Puffer für ein ganzes Leben. Nimm somit deine schulische Zukunft selbst in die Hand und ebne deinen beruflichen Weg. Denn die Noten schreibst du für das Leben, nicht nur für diesen Moment. Und wer möchte schon gerne benachteiligt durchs Leben gehen.

KAPITEL 9: Manipulation durch die Medien

„Medien und ihr Einfluss": Aus abipur.de, keine Angabe zum Datum, verkürzt und auch sonst etwas adaptiert

Medien – die vierte Gewalt

Einleitung:

Massenmedien wie Presse, Fernsehen und Internet sind aus unserer heutigen Gesellschaft nicht mehr wegzudenken. Neben Funktionen für das ökonomische System (z.B. als Werbeträger) und die Gesellschaft (z.B. Vermittlung von Werten und Normen sowie Unterhaltung) spielen die Medien auch eine große politische Rolle. Um die Wichtigkeit der Medien zu verdeutlichen, werden diese oft auch als „vierte Gewalt" bezeichnet. Aber verdienen sie diese besondere Herausstellung und Gleichsetzung zu den drei Staatsgewalten überhaupt?

Situation in Deutschland

In Deutschland ist das Recht auf Presse- und Meinungsfreiheit im Grundgesetz festgelegt: "Jeder hat das Recht, seine Meinung in Wort, Schrift und Bild frei zu äußern und zu verbreiten und sich aus allgemein zugänglichen Quellen ungehindert zu unterrichten. Die Pressefreiheit und die Freiheit der Berichterstattung durch Rundfunk und Film werden gewährleistet. Eine Zensur findet nicht statt" (Art.5 Abs.1). Einschränkungen gibt es lediglich durch den darauf folgenden Absatz: „Diese Rechte finden ihre Schranken in den Vorschriften der allgemeinen Gesetze, den gesetzlichen Bestimmungen zum Schutze der Jugend und in dem Recht der persönlichen Ehre" (Art.5 Abs.2). Die Bezeichnung der „vierten Gewalt" ist aus verfassungsrechtlicher Sicht aber nicht richtig – den Medien wird keine ausdrücklich den Staatsgewalten ähnliche Stellung eingeräumt. Da sie trotzdem äußerst wichtig für die politische Meinungsbildung sind, haben Journalisten spezielle Recherchebefugnisse, die von den Bundesländern festgelegt sind. Zum Beispiel sind staatliche Behörden verpflichtet, den Journalisten „die der

Erfüllung ihrer öffentlichen Aufgabe dienenden Auskünfte zu erteilen" (§4 des Nordrhein-westfälischen Pressegesetzes) ...

Einschränkungen in anderen Ländern

In den USA wurde die Pressefreiheit mit dem „USA PATRIOT Act" (Uniting and Strengthening America by Providing Appropriate Tools Required to Intercept and Obstruct Terrorism Act of 2001, dt. etwa: „Gesetz zur Stärkung und Einigung Amerikas durch Bereitstellung geeigneter Werkzeuge, um Terrorismus aufzuhalten und zu blockieren") als Reaktion auf die Attentate des 11. Septembers 2001 stark eingeschränkt. Laut einigen Kritikern wurde außerdem durch einseitige Berichterstattung einiger amerikanischer Medienunternehmen der Widerstand der amerikanischen Bevölkerung gegen den Irak Krieg massiv verringert. In der Volksrepublik China werden Journalisten auf Grund ihrer Berichterstattung, teilweise sogar ohne Prozess, zu jahrelanger Haft verurteilt, da es dort kein Recht auf Meinungs- oder Pressefreiheit gibt.

Investigativer Journalismus

Die Kontrollfunktion der Medien wird auch als investigativer Journalismus (v. lat. investigare „genauestens untersuchen") bezeichnet und bezieht sich auf die Recherche und Aufdeckung von beabsichtigtem oder irrtümlichem Fehlverhalten angesehener Personen oder Institutionen. So deckte in der BRD der Journalist Hans Leyendecker (damals bei „Der Spiegel", heute Süddeutsche Zeitung) die Flick-Affäre auf (in den 80er-Jahren gab es von diesem Konzern verdeckte Parteienspenden) und die CDU-Schwarzgeldaffäre (in den 90er-Jahren erhielt die CDU unter dem damaligen Bundeskanzler Helmut Kohl illegale Parteispenden).

Watergate-Affäre

Ein Paradebeispiel für die Notwendigkeit des investigativen Journalismus ist die als Watergate-Affäre bezeichnete Aufdeckung von Machtmissbräuchen des ehemaligen US-Präsidenten Richard Nixon. Als fünf Männer am 17. Juni 1972 beim Versuch in das Hauptquartier der Demokratischen Partei im Watergate-Gebäudekomplex einzubrechen dabei ertappt wurden, und bei Ihnen Abhörausrüstung gefunden wurde, spekulierte die amerikanische Tageszeitung Washington Post bereits wenig später über eine politische Verschwörung, in der das Weiße Haus verwickelt sein soll. Der Journalist Bob Woodward erhielt Informationen, die darauf hindeuteten, dass Nixon versucht hatte, die Oppositionspartei mit verfassungswidrigen Methoden abzuhören. Die umfassenden Recherchen von Woodward und seinem Kollegen Carl Bernstein deckten noch eine Reihe weiterer „Missbräuche von Regierungsvollmachten" auf, die mit dem Einbruch in Verbindung standen. Unter anderem auch die Vertuschung der Hintergründe des Einbruchs und die Behinderung der Justiz bei dessen Untersuchung. Die aus diesen Informationen entstandene, und mit dem Pulitzer-Preis ausgezeichnete, Berichterstattung der Washington Post führte am 9. August 1974 zum bislang einzigen Rücktritt eines US-Präsidenten.

Problematik - Medienmanipulation

Unter der Bezeichnung „Medienmanipulation" wird die Manipulation der Meinung durch die Medien verstanden, zum Beispiel durch einseitige Berichterstattung. Auf Grund der Fülle an Ereignissen die weltweit jeden Tag geschehen, ist es unmöglich über alles informiert zu werden. Die Journalisten müssen daher aus allen ihren Nachrichten einige wenige aussortieren.

Dadurch gelangen die Journalisten an eine besondere Macht: Durch die Auswahl der Beiträge, deren Länge und Position sowie der Interviewpartnern und Gästen können sie entscheidend in die politischen Meinungsbilder des Zuschauers eingreifen. Einem ausführlichen Artikel auf der Titelseite einer Zeitung schenkt man zum Beispiel automatisch mehr Aufmerksamkeit als einem kleinen, auf der letzten Seite versteckten, Bericht.

Ökonomische Zwänge

Ein weiteres Problem sind die Werbeeinnahmen, auf die viele Medienunternehmen angewiesen sind. Je sensationeller und dramatischer die Meldungen sind, desto mehr Exemplare einer Zeitung werden verkauft bzw. desto höher sind die Einschaltquoten einer Fernsehsendung und mit umso mehr Werbeeinnahmen kann gerechnet werden. Die „Sensationslust" der Zuschauer fordert von den Medien oft ein falsches Realitätsbild, da dann weitgehend über Katastrophen, Skandale und Verbrechen berichtet wird, und die Politik manchmal zum Randthema wird.

Medienmanipulation nimmt bedenkliche Formen an

Unsere Wahrnehmung wird präzise durch die Medien kontrolliert und gesteuert. Somit ist die Filterung fast schon unreal und nur schwer abzustreifen. Diese wird auch die mediale Kontrolle genannt. Doch nicht nur wir werden kontrolliert und manipuliert, die Medien auch. Die öffentliche Beeinflussung wurde im Buch „Trust Us We`re Experts" ("Vertrauen Sie uns, wir sind Experten") der Autoren John Stauber & Sheldon Rampton, zusammengetragen. Es geht um falsche Informationen, verdrehte Tatsachen und schön verkleidete Illusionen. So werden Kriege falsch dargestellt und der Erste Weltkrieg gut verkauft. Eine Manipulation, die wir abschalten könnten, wollen wir aber nicht. Denn wir sind Gaffer, Neider und Exhibitionisten. Wir wollen Blut sehen und uns an dem Leid der anderen ergötzen. Wir lieben negative Schlagzeilen und schlagen diese sogleich auf. Wir sind die Öffentlichkeit und wir lassen uns gerne für die GEZ-Gebühren manipulieren.

Die Manipulation von Frauen

Im Jahr 1929 begann die Brigade „Fackeln der Freiheit", in der Frauenrechtlerinnen marschierten und das mit einer Zigarette in der Hand. Sie zerstören ungeniert ihre Lungen in der Öffentlichkeit und polarisierten durch die Medien weltweit. Sogleich nahm das Frauenbild eine ganz andere Wende. Nicht mehr das Heimchen am Herd, sondern die Frau von Welt, die sich viel zu sehr von der Männerwelt unterdrücken ließ. Bis heute haben sie in gewisser Weise Spuren hinterlassen und sie manipulieren auch heute noch mit großem Erfolg.

Medien und Macht

Die Werbung macht's und bringt Ruhm und Erfolg. Heute gibt es nichts, was nicht über die Medien uns angeboten wird. Täglich werden sie uns vorgesetzt und wir liefern der PR-Industrie mit unseren Bedürfnissen gutes Futter. Wir brauchen und sie geben. Wir zahlen gutes Geld und werden schön in den Bann der Manipulation aufgenommen. Und wir wollen es ja auch gar nicht anders. Wir sind wie besessen davon und möchten sie niemals mehr missen. Die Glaubwürdigkeit der Produkte ist dabei nebensächlich und nicht der Rede wert. Wir lieben die Sprache der Verdrehung und legen nicht jedes Wort auf die Waagschale. Sie gehören zum Alltag und wir schenken ihnen unser Vertrauen. Wir glauben Berichterstattungen, der Werbung und den sogenannten Tatsachenberichten. Und wir lieben unsere Abendserien und schlafen dadurch viel besser ein. Denn wir sind mediengeil und brauchen den guten alten Fernseher und das Internet. Und wir lassen uns von der „Ramschwissenschaft" beeinflussen. Dazu gibt es wissenschaftliche Thesen mit dazugehöriger Schlussfolgerung.

- Die Vorhersagen werden im Versuch geprüft
- Man bilde eine Hypothese
- Man verwerfe sie und revidiere die Hypothese aufgrund gründlicher Forschungsergebnisse
- Man treffe einen Entschluss, der jederzeit zu revidieren ist

Sinniger Unsinn oder doch eine ausgeklügelte Marktstrategie? Nennen wir es Manipulation im großen Stil. Je nach Betrachtungswinkel ist jedes Medienspektakel auch reine Ansichtssache und so oder so auszulegen. Und genau damit werden wir oftmals auf das Glatteis geführt.

Die Wahrheit liegt im Verborgenen

Die Wahrheit und nichts als die Wahrheit, wohl kaum. Denn wir lassen uns gerne auch etwas veräppeln. Wir sind sensationsgeil und gerne mitten im Geschehen, wenn auch nicht live dabei. Wir schützen via TV die Umwelt und nehmen an Gesundheitschecks im Internet teil. Und wir kaufen für unser Leben gern von der Couch aus ein. Alles andere wäre ja pure Zeitverschwendung. Shoppen at home und bestellen rund um die Uhr. Die Medien sind ein Fluch und Segen zugleich. Sie verändern uns politisch und wir nehmen fremde Züge an. Wir vertreten nicht unsere Meinung und merken es nicht einmal. Der Guru spricht und das Volk macht mit. Natürlich rein unwissentlich. Wenn du eine Information brauchst oder etwas kaufst, wen wirst du zu Rate ziehen. Mutti sicher nicht! Und schon sind wir auf dem guten Weg uns beeinflussen zu lassen und mehr Geld auszugeben als wir eigentlich wollen. Die Medien zeigen uns den Weg auf und wir folgen ihm.

Die Angriffssprache

Angriff ist ja auch bekanntlich die beste Verteidigung und so kommen auch ganz gezielte Wörter ins Spiel. Nehmen wir das Wort Falschmeldung einmal zur Hand. Groß auf Seite eins wird die Person Mr. X ausgestellt und an den Pranger gestellt. Er ist der Öffentlichkeit ausgeliefert und diese nimmt ihn auch detailliert aus. Niemand hinterfragt Hintergründe und Fakten. Dumm nur, dass sich die Beweislage Tage später ganz anders darstellt. Und wir sind auf eine Falschmeldung hereingefallen. Die Gegendarstellung erscheint dann mehr als unwichtig und klein in den Printmedien. Die Aasgeier sind „vollgefressen" und warten auf ihr nächstes Opfer. Eine PR-Taktik mit vielen Lesern und Zuschauern und einem hohen Gewinn an zahlreichen Auflagen. Und Papier ist ja bekanntlich geduldig. Wir lassen uns schon gerne manipulieren und werden nach Strich und Faden angelogen. Komischerweise wenn uns nahestehende Menschen anlügen, dann sind wir beleidigt und enttäuscht. Bei den Medien aber nicht. Denn die haben alle Freiheiten der Welt. Und warum, wir lassen es einfach zu.

Die Schokolade macht's

Kannst du dich noch an den Artikel „Schokolade macht schlank“ erinnern, meist gleich auf der Titelseite? An diesem Tag waren die Regale leer und die Mägen gut gefüllt. Nur sind die Reporter einem Fake auf den Leim gegangen. Mit wissenschaftlichen Erkenntnissen untermauert und tausend Fremdwörtern belegt, machte sich niemand die Arbeit einmal nachzuhaken. Der „Schwindel flog dann auf und Schokolade macht nach wie vor dick. Ein schöner Traum, der leider aus dick nicht schlank macht. Somit wurden die Berichte zu diesem Traum in keiner Weise geprüft. Die Narrenfreiheit siegt und wir lassen uns doch gerne narren, oder nicht? Leichtgläubige gibt es wie Sand am Meer und wir sind ein großer Teil davon.

Die Medien manipulieren unsere Gesundheit

Kaum läuft das Fernsehgerät werden wir mit Grippemitteln, Rheumasalben und Hämorrhoiden konfrontiert. Aber nicht nur die Medien greifen uns an und manipulieren uns. Die Bauern unsere Erzeuger bringen uns langsam aber sicher um. Der Acker voll mit Chemie und der Bioacker mit dazu. Denn das Schlechte darin, schwappt schön über. Doch zum Leben brauchen wir die Bioenergiestoffe und das mehr denn je. Hektik und Stress verlangen viel ab und unsere Reserven sind langsam aufgebraucht. Die Medien spülen in dieses Vorgehen noch ihre eigene Berichterstattung mit hinein. Und so werden wir in die Irre geführt. Wem sollen wir noch Glauben schenken und warum.

Bio ist in und Bio gibt es in jedem Regal, damit wird öffentlich geworben. Sicher eine vernünftige Alternative zu herkömmlichen Lebensmitteln und im Geschmack noch unverfälscht und rein. Dennoch wird Bio mittlerweile für den deutschen Markt weltweit erzeugt. Prospekte und Werbeangebote weisen Tag für Tag daraufhin. Doch warum kaufen wir nicht regionale und saisonale Produkte. Da Bioprodukte aus Spanien und Polen eben billiger sind. Und der Super Gau sind die Semmeln aus China. Diese werden sicher nicht im großen Stil beworben, aber landen dennoch in aller Munde. Gut, billig und lecker aufgebacken. Das Land des Lächelns lässt grüßen. Wir werden durch den frischen Duft einfach mal so ganz nebenbei manipuliert. Hier tischen uns die Medien wiederum frisch auf den Tisch die Wahrheit auf. Tonnenweise bedienen wir uns der undurchsichtigen Lebensmittel und setzen ein wenig unsere Gesundheit aufs Spiel. Aber gut und günstig ist der Part von biologisch, wertvoll und gut. Alles reine Manipulation oder eben doch nur Geschmackssache?

Pharmariesen sind stets präsent

Wird ein neues Arzneimittel zugelassen, wird es den Medien vorgestellt. Immerhin soll es ein Verkaufsschlager werden und selbstverständlich der Gesundheit dienen. Und sofort und just in diesem Moment, werden gerade chronisch Kranke manipuliert. Doch nicht immer ist die ersehnte Linderung und Heilung in Sicht. Wir müssen dem Glauben schenken und uns den Versprechen oder leeren Versprechungen beugen. Denn eine andere Chance haben wir leider nicht.

Überzeugend werben – Ein manipulatives Meisterwerk

Kennst du das, du gehst in einen Store und schon wirst du vereinnahmt. Das tolle Design, die kühle Eleganz und alles wirkt wie aus dem Ei gepellt. Man könnte auch sagen, du wirkst eher eingeschüchtert. Und schon wird unser Konsumverhalten manipuliert. Der Vorsatz und der Wille waren eine Jeans und durch das noble Ambiente, die Musik und nette Verkäuferin kommst du mit einer riesen Tüte aus dem Laden heraus. Glücklich und zufrieden und schön manipuliert worden. Doch wer sieht das schon so. Zum größten Teil glauben wir selbst so entschieden zu haben. Haben wir aber nicht. Holst du dir einen Rat bei der netten und hübschen Verkäuferin, dann manipuliert sie dich von Anfang an. Dies wird auch als die Handelspsychologie bezeichnet. Die Werbung handelt mit ihren Angeboten und du gehst ihr auf den Leim. So ist es auch in Boutiquen und Co. Kaum betrittst du den Laden, wirst du freundlich und nett empfangen. Du fühlst dich geschmeichelt und schon bist du im Netz der Manipulation.

Funktioniert schon bei den Kleinen sehr gut. An der Kasse gibt es die Quengelware und die Schlange ist oftmals sehr lang. Und so rein zufällig nimmt man das eine oder andere mit. Kinder sind im wahrsten Sinne des

Wortes darauf fixiert. Somit macht die Manipulation auch nicht vor der Kleinen mehr Halt. Daher neigen wir heute mehr denn je zum Spontankauf und manch Kaufentscheidung ist irrational. Die Regale sind heute so konzipiert, dass selbst Kinder in den untersten Reihen alles Nötige für ihre Bedürfnisse finden. Und das so ganz nebenbei und unbemerkt. Denn wir kaufen nicht mehr konsequent ein, nein wir kaufen eher unbemerkt ein. Das Resultat findet sich dann beim Auspacken wieder. Manches gekaufte, ist uns schon gar nicht mehr bewusst. Somit hat uns die Manipulation fest im Griff.

Kapitel 10: Manipulation - Die Beeinflussung des Menschen

So kannst du dein Gegenüber in Schach halten und deinen Einfluss gekonnt in Szene stellen. Denn wie immer heißt es im Leben, Tarnen und Täuschen.

Blockiere dein Gegenüber

- Weiche aus
- Verstehe nicht was der andere von dir will
- Verstehe das Gesagte absichtlich nicht
- Gibt keine Antwort

Setze dich mit allen Mitteln durch

- Lügen
- Emotionen aufschaukeln lassen
- Verbal attackieren
- Erzeuge ein schlechtes Gewissen bei deinem Gegenüber
- Unter Zeitdruck setzen

Sabotiere das Gespräch

Provoziere den Abbruch des Gesprächs, oder lasse es gar platzen. Diese beiden Gründe schiebst du der Gegenseite klammheimlich in die Schuhe. Und somit nimmst du dafür auch keine Verantwortung und hast ganz gekonnt die Zügel in der Hand.

- Erzeuge ein schlechtes Gewissen
- Beharre auf deinen Standpunkt
- Verweigere Erklärungen
- Wiederhole deine eigene Sichtweise
- Beantworte Fragen nicht
- Gaukle einen Gefühlsausbruch vor

Das Manipulationsmanöver oder auch das Entweder- oder- Argument
Es ist ein einfaches Spiel und entweder wir schließen das Geschäft ab oder nicht. Dazwischen gibt es nichts und es stehen auch keine Alternativen bereit. Weitere Möglichkeiten sind somit nicht denkbar. Folglich kommt es zu einem Konflikt und jede Partei weiß Bescheid.

Schwarz färben

Diese Taktik schüchtert den Gegner gut ein, indem die Prognose als düster dargestellt wird. Die Position wird wahrgenommen und häufig entsteht dadurch ein rascher Rückzug. Die Schwarzfärberei hat ihr Ziel bestens verfolgt. Denn im Prinzip wird das Gegenüber unsicher gemacht und bewusst in eine andere Richtung gelenkt. Wer diese Praktik sicher beherrscht, kann gute Geschäfte machen. Dafür muss man aber Menschen durchschauen können und ein selbstsicheres Auftreten vorweisen. Dann hat man die Katze im Sack. Denn auch andere Geschäftspartner würden über „Leichen“ gehen. Und Taktik ist in der Geschäftswelt eben das Maß aller Dinge.

Tarnen und Täuschen

Nichts einfacher als das, manipuliere doch einfach mal. Das geht einfacher als du denkst. Willst du geschäftlich ans Ziel und ein Projekt gut verkaufen, dann lass es dir was kosten. Täusche Tatsachen vor und verpacke dieses mit besten Ergebnissen. So machst du dich und dein Vorhaben interessant. Tarnen und Täuschen ist eben an der Tagesordnung. Nur so werden lukrative Geschäfte gemacht.

Die Rutschbahntechnik

Mache dein Gegenüber haltlos und somit kann er den Ablauf und die Konsequenzen daraus kaum noch steuern. Du als Manipulator hast nun alle Stricke in der Hand. Denn mit der Rutschbahntechnik beginnt die Lawine langsam zu rollen und zwar zu deinen Gunsten. Schnell und einfach stellt man Menschen so vor eine Entscheidung. Denn sie wissen weder ein noch aus. Damit entsteht ein inneres Chaos, was ein klares Denken fast unmöglich macht. Im Prinzip bringt ein einziger Stein die Sache ins Rollen. Wer einmal aus dem Konzept gebracht wird, findet sich so schnell nicht mehr ein. Der rote Faden ist dann verloren. An vielen Verhandlungstischen ziehen sich die Gegner und Kontrahenten das schwächste Kettenmitglied heraus. Somit basiert die Rutschbahntechnik auf die mehr oder weniger schwachen Argumentationsglieder. Da hier die Verzahnung fehlt. Und wie man sieht, fehlt hier auch das Bindeglied zur Gemeinschaft und der Halt in der Gesellschaft. Auch in der Tierwelt, wird am ehesten das Schwächste aus der Herde gerissen. So ist es bei Verhandlungen auch. Wenn man etwas erreichen will, knöpft man sich den Schwächsten vor.

Mit Zahlen und Fakten um sich werfen

Nichts beeindruckt Menschen so wie Zahlen und Fakten. Das hat für viele Hand und Fuß. Und genau hier greifst du als Manipulator auch an. Gehe demzufolge mit deiner Fundiertheit und Präzision ans Werk, dann hast du den „Fisch" bald an der Angel. Denn dein Zahlenwerk kann man nicht so schnell nachvollziehen und so blickt man in staunende Gesichter.

Die Expertentaktik

Ein starkes Gewicht und mehr Ansehen, erhältst du durch eine Berufung. Berufe dich aus Autoritäten, Wissenschaftler und Experten. So kannst du gleich beim Gesprächseingang mit dem Satz prahlen „Mit dieser Meinung stehe ich nicht alleine da". Und untermaure dies mit Fakten auf einer erfolgreichen Begründungsbasis. Ein gutes Manipulationsmanöver das du letztendlich für dich nutzen kannst. Nur lass dir niemals in die Karten schauen und lege nicht deine Maske ab.

Nichts ist unmöglich

Schon häufig sah es bei einem Geschäftsabschluss Zappen düster aus. Doch nichts ist unmöglich und so wird der Karren aus dem Dreck gezogen. Ändere deine Taktik und verwickle dein Gegenüber in Widersprüche. Möchtest du erfolgreich sein, muss das sein. Denn immerhin möchtest du zu einem erfolgreichen Geschäftsabschluss gelangen. Und wie im Spiel und in der Liebe, sind alle Tricks erlaubt.

Schnell wendet sich das Blatt zu deinen Gunsten und du als Manipulator hast nun die Oberhand gewonnen. So einfach kann Siegen sein, man muss es nur wollen. Handle daher immer unvoreingenommen und lass dich niemals unterkriegen. Dann steht dir der Erfolg auf die Stirn geschrieben. Formuliere daher nicht immer klar, sondern kläre im Nachhinein auf. So kommt sich das Gegenüber mit seinen Fragen fast schon dämlich vor. Denn im Eigentlichen weiß er nicht, was du denkst und folgt trotzdem deiner Strategie. Nicht da er davon überzeugt ist, sondern um nicht dumm aus der Wäsche zu sehen. Denn wer viel fragt, hat wenig Ahnung. Und so will man nun wirklich nicht hervortreten. Rede daher immer um die Dinge herum, als sie beim Namen zu nennen, das macht die Sache viel interessanter.

Sprich eine Garantie aus

Verbürgt man sich für die Richtigkeit seiner Aussage, ist man gleich mal hoch angesehen.

- Das können Sie mir glauben
- Ich verbürge mich dafür
- Ich versichere Ihnen
- Hier bestehen keine Zweifel

sind mehr wie gute Sätze. Sie schaffen das nötige Vertrauen und du als Manipulator hast gesiegt. Man gibt quasi sein Ehrenwort. Und dies zweifeln die wenigsten an. Setze zudem das Wort „wir" öfter ein, dann stehst du nicht so alleine da und das bringt die gewisse Sicherheit mit sich. Und übrigens, wer überzeugend wirkt, dem wird auch geglaubt.

Bleibe bei deinen Aussagen

Drehe dich nicht wie die Fahne im Wind, das nimmt dir irgendwann den Fahrtwind heraus. Setze lieber die Traditionstaktik auch Killerphase genannt ein. Setze deine Aussagen um. Gerade, wenn man miteinander vertraut ist, kann man auch besser argumentieren. Denn man kennt sein Gegenüber besser und kann leichter Vorteile erzielen. Auch das bluffen ist erlaubt. Wichtig ist zu verunsichern und das Gespräch aus dem

Gleichgewicht zu bringen. Bei jeder Verhandlung wird man besser und verfeinert seine Strategie. Du wirst es sehen.

Der Perfektionstrick

Hier wird augenscheinlich nach der perfekten Lösung gesucht und dann ein Vorschlag unterbreitet. Man spricht dann auch von der „Unerreichbaren Vollkommenheit“. Der Perfektionstrick unterläuft keiner gewissen Strategie, unterläuft aber noch einer anderen Form. Man möchte mit dem Zug verreisen, wobei Zugreisen nicht zu 100 % sicher sind. Das kann ein für und wider sein. Wichtig bei Verhandlungen und Terminen, bleib in der Spur.

Angriff auf die Persönlichkeit

Die Vertrauenswürdigkeit wird im Zweifel gestellt. Das alleine schon, nimmt dem Gegner das Ruder aus der Hand. Denn nun kann er schlecht kontern. Davon kannst du sehr gut profitieren. Geht es nur um Sachen und Dinge, bringt sich das Gegenüber schnell wieder ins Los. Nicht aber beim Angriff auf eine Persönlichkeit. Das nennt man auch die innere Verletzungsstrategie. Denn es trifft ihn tief innerlich.

Der indirekte Angriff

Ein sogenannter Scheinangriff, denn bei einem Gespräch, einer Diskussion oder Verhandlung, sollte man mit allem rechnen. Verbal attackieren, um das Beste aus der Situation zu holen. So gelangst du ans Ziel. Es geht nicht immer nur um die Sache an sich. Es geht um die Taktik und den Mut, sein Vorhaben gekonnt durchzuziehen. Dann bist du ein Meister in der Verhandlungsstrategie. Und sei immer auf alles gefasst. Der indirekte Angriff lenkt ab und täuscht etwas vor. Fast wie beim Fußball, um diesen dann ins Tor zu bekommen.

Werde ruhig emotional

Auch das ist erlaubt und soll sogar sein. Denn Emotionen spielen gerade bei Verhandlungen eine wichtige Rolle. Es sind die wichtigsten Verbündeten. Der Manipulator hat demzufolge so auch das Gespräch in der Hand. Denn Worte monoton aussprechen, macht wenig Sinn. Da schläft die halbe Gesprächsrunde mit ein. Du musst die Menschen mit Worten begeistern und Taten folgen lassen. Setze zudem deine Körpersprache mit ein. Somit wirkst du ganzheitlich und dass alleine beeindruckt schon sehr. Das läuft dann unter Standpunktvertretung. Und du wirst sehen, die Menschen werden beeindruckt sein.

Wir sitzen alle im selben Boot

Stimmt nicht ganz, kann man aber sehr gut vermitteln. Täusche dieses Solidaritätsgefühl vor, dann bist du an der Macht. Menschen benötigen so ein Zusammengehörigkeitsgefühl. Und mit dem Satz „Wir sitzen alle im selben Boot“ spiegelst du es wider“. Taktisch klug und sehr raffiniert ausgedacht. Das nennt man Psychologie.

Nutze die Furcht der anderen

Kommt man schon mit diesem Satz zur Tür herein „Sie wissen ja die Lage und Situation ist nicht mehr gesichert“ hat man Furcht gesät. Oder auch, die Arbeitsplätze sind nicht mehr sicher, macht einfach nur Angst. So ist das Gegenüber von seinen guten Vorsätzen und von seinem Standpunkt abgelenkt. Ein solches Gespräch kann man gut lenken, denn man hat den Joker in der Hand.

Appell an das Mitleid

Auch das funktioniert sehr gut. Schinde Mitleid und ernte Erfolg. Das ist die Devise. Denn jeder von uns ist emotional angreifbar.

Die Macht der Worte

Taktik ist das halbe Leben. Mit einem einzigen Wort kann man Dinge verändern. Setze zudem deine Ausdruckskraft ein und wiederhole ruhig dein Vorhaben. Verschaffe dir somit genügend Zuhörer, aber keine Meinungen. Denn nur deine zählt. Verändere ein Wort in deiner Aussage und schon hast du deine gewünschte Veränderung. Und bedenke, dass wir das aktive Zuhören schon längst verlernt haben. Für dich, kann das zum großen Vorteil sein. Die meisten von uns konzentrieren sich mehr auf geschriebene Worte. Die gesagten bleiben bei Verhandlungen nicht so lange im Gedächtnis. Wortfetzen ja, ganze Sätze eher nicht. Formuliere ruhig etwas umständlich, wenn du die Macht der Worte einsetzen willst. Dann ist dein Gegenüber etwas verwirrt und muss sich neu sortieren. Somit kommt der Kontrahent ganz aus dem Konzept.

Die Trivialität und die Taktik

Dabei wird nur ein Randaspekt aufgegriffen und nicht an den Kern herangetreten. Somit geht der Manipulator nur auf den Nebeneffekt ein. Das Eigentliche ist dabei noch nicht relevant. Man spricht praktisch um den heißen Brei herum. Du startest dann zum Angriff an und packst die Gelegenheit beim Schopf. Somit übernimmst du die Führung und gerätst damit auch uneingeschränkt in die Führungsposition. Da hat der Gegner dann schlechte Karten.

Der Zirkelschluss – Im Kreis drehen

Die einen Gespräche verlaufen im Sand, die anderen drehen sich im Kreis. Komme daher auf den Punkt und lasse die Thematik auf keinen Fall schleifen. Wiederhole deine Meinung und somit entsteht der Zirkelschluss. Denn der Kontrahent wird ständig mit deiner Meinung konfrontiert. Unterstreiche diese mit deiner Gestik und Mimik, so kommt er deinem Vorhaben nicht mehr aus. Und versuche ein „Vertagen“ zu verhindern. Sonst ist dein Gegenüber bestens vorgewarnt und kann mit einer neuen Strategie beginnen. Und vielleicht hat dich der Kontrahent beim nächsten Gespräch auch schon durchschaut. Daher immer in einer Gesprächsrunde die Themen abschließen. So kommst du auch zu einem praktikablen Ergebnis.

Setze deinen Charme ein

Ein charmantes Lächeln, macht so einige gleich mal unsicher. Das kann geradezu zu Stimmungsschwankungen führen. Offen und selbstsicher werden nun Verhandlungen geführt. Da kann einem keiner so schnell das Wasser reichen. Mit Charme besiegt man die Konkurrenz. Wer verbissen Vorträge hält, wirkt nicht nur unseriös. Er wirkt auch nicht gerade nett. Mit Charme und guter Laune verändert man die Welt. Sei daher immer gut gelaunt und trete redegewandt auf.

Kinder sind das beste Beispiel

Kinder wissen sehr wohl was sie wollen. Und sie setzen ihr ganzes Können ein. Gezielt und taktisch gehen sie vor. Auch wenn das viele Erwachsene nicht glauben. Kinder lassen ihren Charme und ihre Naivität walten und setzen damit optimal unter Druck. So kann dies auch bei Verhandlungen sein. Spielerisch verhandeln und ganz naiv zum Ziel kommen. So merkt der Gegner nicht, er wurde im Eigentlichen unter Druck gesetzt.

Nutze die einseitige Argumentation

Wer nicht die Pro-Contra Diskussion erreichen möchte, der schließt sich der einseitigen Argumentation an. Du nimmst das Gespräch von Anfang an in die Hand und argumentierst vielleicht so. Wir haben zu viel Zeit ins Land gehen lassen und nun werden wir diesen Weg gehen. Wir bauen Stellen ab und versuchen im Kleinen weiterzuwachsen. Wir müssen marktorientiert in die Zukunft blicken und verbraucherfreundlich handeln. So zählt Dein Argument. Wie auch immer müssen sich die anderen danach richten. Auch wenn es für den einen oder anderen Nachteile mit sich bringt. Nicht immer sind Verhandlungen ein Zuckerschlecken und oftmals bleibt der eine oder andere auf der Strecke. Das Geschäftsleben ist hart, sei Du es auch.

Ergreife Gegenmaßnahmen

Ein Mann ein Wort, das muss nichts heißen. Schnell stellt sich im Gespräch heraus, der Ausgang könnte ein anderer sein. Nun ergreife aber zügig Gegenmaßnahmen. Manipuliere gleichmal mit Argumentationsfallen und Scheinargumenten. So kannst du das Übel erfolgreich abwehren. Nenne das Problem ruhig beim Namen und halte folgende Techniken bereit:

- Nenne das „Kind" beim Namen
- Argumentiere detailgetreu
- Gehe auf Distanz und wahre Abstand
- Verliere nicht den Faden im Gespräch
- Verhandle deinen Standpunk und vertrete diesen auch
- Schaue dem Kontrahenten in die Augen

- Spreche nicht einfach so in den Raum hinein
- Jeder soll sich angesprochen fühlen
- Spreche nicht abgehakt, sondern flüssig
- Denkpausen sind durchaus erlaubt und machen auch Sinn
- Bleib deinem Grundsatz treu und weiche nicht ab

Die Manipulation ist an der Tagesordnung. Und du bist mitten im Geschehen. Bereite dich am besten von zu Hause aus vor. Stelle dich vor den Spiegel und achte darauf, wie wirke ich? Wirke ich verkrampft, unsicher oder seriös? Sei dabei sicher und selbstsicher und niemals verlegen und wirke stets seriös. Das kommt gut an. Menschen brauchen Menschen, denen Sie blind folgen können. Aber sie müssen diesen auch vertrauen. Und vielleicht bist du in dieser Position. Sei deinen Mitarbeitern stets loyal gegenüber und fordere deine Kontrahenten zum Duell auf.

Bis du angestellt, dann setze auch auf die Kraft der Manipulation. So wirst du dir selbst und deinen Anforderungen gerecht. Die Manipulation hat die gewisse Macht über uns und manchmal merken wir nicht mal, dass wir manipuliert werden. So einfach ist das.

Setze die Manipulation für dich ein

Wer erfolgreich sein will, die Intelligenz reicht da bei weitem nicht aus. Man muss sich und das Produkt und Vorhaben präsentieren können. Und man muss sehr gut manipulieren können, sonst kommt man nicht ans Ziel. Mit nett und höflich, hat noch keiner etwas erreicht. Mit der gut eingesetzten Manipulation dagegen schon. Sie stellt die Weichen für die Zukunft dar. Und nur so kann man Dinge erreichen. Und sind wir mal ehrlich, wir manipulieren den ganzen Tag. Man könnte fast sagen, wir drücken den anderen unsere Meinung auf. Dann kommen wir auch auf den grünen Zweig. Führungskräfte müssen das z.B. tun. Und das ist mehr als gut gemeint. Wer Mitarbeiter führt, muss manipulieren. So werden alle in die richtigen Bahnen gelenkt und auch in die Schranken gewiesen. Ein Vorteil der den nötigen Profit bringt. Nutze den Vorteil der Manipulation und hebe Sie Dir als Joker und Pluspunkt auf.

Die Führungskraft und die Manipulation

Auch wenn es Führungskräfte wie Sand am Meer gibt, es müssen die richtigen sein. Eine Vorbildfunktion darstellen und manipulieren können. Sonst gehen sie sang- und klanglos unter. Was aber nicht bedeutet, dass die Mitarbeiter deine Sklaven sind. Sie sind das Kapital einer jeden Gesellschaft und erwirtschaften das Geld. Das bedeutet im Klartext, diese pfleglich zu behandeln und manipulativ zu steigern. Das schafft das nötige Selbstvertrauen.

Manipulieren bedeutet nichts anderes, wie beeinflussen und dass bitte im positiven Sinne. Meist ist die Manipulation negativ belastet, doch hier sollte das nicht der Fall sein. Denn du handelst im gemeinschaftlichen Interesse und nicht aus egoistischen Gründen heraus. Kaum jemand merkt, dass er manipuliert wird und so soll es auch sein. Die Geheimwaffe der erfolgreichen und zielorientierten, die vielleicht die Welt erobern. So nimmt man auch Einfluss auf die Gesellschaft. Und mal ehrlich, wir werden vom Internet den Medien und auch von unserem Lieblingsgericht manipuliert. Also kann die Manipulation so schlecht nicht sein. Vorausgesetzt sie ist gut gemeint.

Zudem kommt es auf die Sichtweise und Perspektive des Jeweiligen an. Führt man Menschen und diese zum Ziel, muss man diese Methode anwenden. Man hat gar keine andere Wahl. Überzeugen, beeinflussen und die Richtung angeben, dann mach die Führung auch Sinn.

Folgende Techniken wendest du dabei an:

- Manipulation aus Überzeugung
- Manipulation aus der Wiederholung heraus
- Manipulation aus der Information heraus
- Manipulation aus dem Bedürfnis heraus

Somit spricht die Manipulation ihre ganz eigene Sprache und setzt sich gerade in der Führungsebene aus etlichen Segmenten zusammen. Denke doch an die Werbung. Sie wird uns durch Wiederholungen fast eingebläut. Teilweise kennen wir schon den Wortlaut im Schlaf. Das nennt man die richtige Manipulation. Menschen auf bestimmte Dinge zu fokussieren und diese davon zu überzeugen. Werbespots sind somit das beste Beispiel dafür.

Auch Führungskräfte arbeiten gekonnt mit Wiederholungen. Und das durch Meetings und Präsentationen. So verinnerlichen sich diese Prozesse und manifestieren sich. Dann kennt man auch hier das Vorhaben bereits im Schlaf. Man lässt die Mitarbeiter nicht aus und lässt die Überzeugungskraft walten. Dann findet eine gute und vor allem zuverlässige Zusammenarbeit statt. Und bedenke, Mitarbeiter müssen zu einem Aufschauen. Das hat mit dem nötigen Respekt zu tun. Und auch das zeugt von der gewissen Manipulation. Der Selbstständigkeitsdrang wird damit etwas unterbunden und die Interessen des Unternehmens in den Vordergrund gestellt. Somit öffnet nicht nur das besagte Lächeln Tür und Tor, auch die Manipulation ist nicht ganz unbeteiligt daran.

Im Leben läuft alles nach den Prinzipien der Psychologie. Das muss man nicht studiert haben, vieles versteht sich ganz von selbst. Wie auch die Manipulation, die einen Wegweiser in der Beeinflussung darstellt. Wir werden im Denken umgelenkt und unsere Gefühle beeinflusst. Nur dürfen Führungskräfte niemals die Ängste der Angestellten damit schüren. Das wäre dann rein kontraproduktiv. Die Angst ist in der Manipulation somit ein schlechter Begleiter. Das kann letztendlich zu einer Massenhysterie führen und damit ist keiner Firma wirklich gedient.

Manipulation ist eine Frage des Stils

Im geschäftlichen Bereich steht die Manipulation demzufolge hoch im Kurs. Kann man doch mehr erreichen als man denkt. Man kann unter Druck setzen, aber auch sinnvoll die Mitarbeiter und sein Unternehmen leiten. Mit Feingefühl und der nötigen Distanz. Dann hast du alles richtig gemacht. Die Manipulation ist nichts Schlechtes, leben wir doch von und mit ihr. Sie ist eine Frage des guten Stils.

Der gute Stil nimmt damit Formen an. Stell dir vor, die Mitarbeiter dürften schalten und walten wie sie wollten. Ohne Regeln und ohne

Struktur. Da würden viele Betriebe Pleite gehen. Dem nicht genug, benötigt es die Manipulation und die kann folgendermaßen aussehen:

Überzeugungskraft

Mit Begeisterung und der nötigen Manipulation

Heute habe ich die Ehre, Ihnen ein neues Projekt mit besten Eigenschaften zu präsentieren. Sie werden begeistert sein, verfolgen wir doch alle, ein und dasselbe Ziel. Das Wachstum des Unternehmens, verbunden mit gesicherten Arbeitsplätzen und dem Wohlwollen Ihnen als Mitarbeiter etwas Gutes zu tun. Denn bei Erfolg bleibt eine Gehaltserhöhung sicher nicht aus. Ganz im Gegenteil, jeder von Ihnen, soll ein Stück vom großen Kuchen abhaben.

Ohne Begeisterung und der nötigen Manipulation

Die Zeit ist reif für ein neues Projekt und diese steht nun an. Wie Sie bereits wissen, steht eine arbeitsreiche wie auch entbehrungsreiche Zeit bevor. Die Umsetzung beginnt jetzt und sofort und wir wünschen Ihnen viel Erfolg bei Ihrem Tun und Handeln.

Wer nicht visualisieren und ein Projekt schmackhaft machen kann, der sollte sogleich die Finger davon lassen. Denn das nennt man dann demotivieren. Und die Mitarbeiter werden einfach so ins kalte Wasser geworfen und sich selbst überlassen. Also gehe auch du immer mit der nötigen Begeisterung ans Werk, die vermittelst du auch. Denn nur wenn man von einer Sache überzeugt ist, kann man das auch widerspiegeln.

Dennoch, pass auf, wenn du mit Überinformationen prahlst. Davon werden viele wortwörtlich erschlagen. Denn die Dosierung macht es, wie auch bei der Manipulation.

Die Manipulation als Geheimwaffe

Die gefährlichsten Waffen der Menschen ist die Schrift, wie auch die Sprache. Daraus können Kriege entstehen. Ein Satz ist eine gesagte Absicht und das ohne technisches Know-how. All das passiert von Angesicht zu Angesicht. So kann jeder von uns die Gedanken des Anderen manipulieren und im schlimmsten Fall entsteht daraus Mobbing. Daher nimm das Manipulieren für deine Projekte und Vorhaben, aber nicht um Menschen zu vernichten. Es dient der Durchsetzungskraft und soll kein Unheil anrichten. Du leistest dabei eine mündliche Überzeugungsarbeit. Manipulieren steht im Geschäftsleben immer an erster Stelle und ist die Geheimwaffe schlechthin. Erst dann kommt man zu einem einheitlichen Entschluss.

Nichts geht ohne sie und dennoch wird die Manipulation als negativ angesehen. Das aber auch nur, wenn wir negativ beeinflusst werden. Die ganze Welt wird aber manipuliert ob Mensch, Tier oder die Natur. Daher muss man die Manipulation im gesunden Verhältnis dazu sehen und nicht verpönen. Denn es kommt immer darauf an, wie du sie einsetzt und was du damit erreichen willst und kannst. Somit kommt es auf den Charakter des jeweiligen an.

Rhetorisch gesehen und bei völliger Beherrschung der Muttersprache, ist sie aber eine feine Sache. Kein Geschäft der Welt würde sonst funktionieren. Niemand würde etwas verkaufen, setzen wir nicht mit günstigen Preisen und guten Produkten an. Auch das ist Manipulation. Man kauft es und braucht es nicht. Aber man wurde von der Werbung wieder mal manipuliert. Und das, ohne groß darüber nachzudenken. Somit sind wir der Manipulation in einigen Teilbereichen bereits verfallen.

Die Geheimwaffe die die Welt verändert und somit auch uns. Denn unbewusst nehmen wir an der Manipulation teil. Und was wäre die Politik ohne die Manipulation. Hier kommen nicht nur Fakten auf den Tisch, das Volk wird manipuliert. Gerade vor den Wahlen, möchten die Politiker es jedem recht machen. Obwohl sie was ganz anderes im Schilde führen. Aber mit ein bisschen Manipulation setzt das Volk das Kreuzchen an die richtige Stelle.

Was versteht man unter der Manipulation?

Manipulation bedeutet im lateinische „manus" also die Hand und „plere" nichts anderes als füllen. Die Hand füllen oder voll haben. Das im übertragenen Sinne nichts anderes wie in die Hand nehmen heißt. Man gestaltet etwas aktiv und wissentlich. So ist die Manipulation eine Handhabung und Technik, um das zu erreichen was man will. Das kann auch zum Lösen von Blockierungen dienen. Man nimmt Einfluss auf ein Vorhaben, eine Situation und auf den Menschen an sich. So kann eine Verhaltensveränderung vorgenommen werden. Ob bei Wahlen, einem Kaufentscheid und selbst bei Trennungen vom Partner.

Die Manipulation macht durchaus Sinn. Zudem können wir uns selbst am besten manipulieren. Durch Selbsthypnose, Glaubenssätze, autogenes Training und die Traumdeutung. All das läuft im Wesentlichen unter der Manipulation. Das kann uns Kraft schenken und uns eine gewisse Richtung aufweisen. Wir gehen in uns und nehmen uns wahr. Ein wichtiger Aspekt in der heutigen Zeit. Auch die Psychotherapie setzt mit solchen Techniken an. So kann eine Verhaltensveränderung und Verhaltensbeeinflussung stattfinden.

Oftmals wird die Manipulation mit der Übervorteilung in Verbindung gebracht. Man möchte den anderen hintergehen und zu seinem Nachteil handeln. Natürlich steckt auch dahinter die Manipulation. Nur dafür ist sie nicht gedacht. Denn man soll dem anderen im Eigentlichen keinen Schaden zufügen. Dennoch läuft vieles bei der Manipulation unter einer Art Fremdbestimmung und einer Lenkung ab. Man lenkt die Person mit ihren Gedanken, in die richtige Richtung. Nur sollte daraus kein Spießrutenlauf werden.

Selbst in der Physiotherapie und Osteopathie, wird man manipuliert. Um Fehlbelastungen zu vermeiden und Schmerzen zu lindern. Die Knochen, Sehnen und Gelenke werden dazu manipuliert. Wie man sieht, findet die Manipulation in jedem Bereich statt und nicht was die Psyche des Menschen betrifft. Sie dient der Beurteilungs-, Beobachtungs- und Wahrnehmungskraft. Das ist die wahre Manipulation. Sie kann Dinge verändern und nützlich sein. Sie kann aber auch mit aller Macht Menschen zerstören. Daher ist vorsichtig mit ihr umzugehen. Unser Leben besteht nun mal aus Fühlen, Denken und Handeln. Das ist unser soziales Verhalten und dazu kommt bei jedem von uns, seine Persönlichkeit hinzu. Somit ist auch jeder von uns anderes gestrickt. Dennoch gibt es Menschen, die durchschauen unsere Denkmuster und setzen genau an unseren Schwächen mit ihrer Manipulation an. Und genau diese Menschen lassen sich beeinflussen und handeln nach dem Prinzip der anderen.

Setze die Manipulation richtig und bewusst ein und immer zu deinem Vorteil, aber niemals, um jemanden zu schaden. Genau darauf legen es aber viele Kontrahenten an. Sie dient dem Geschäftserfolg, deinen Zielen, Wünschen und Träumen. Aber nicht dem Untergang des anderen. Es ist eine gute Beeinflussungsstrategie, aber kein Mittel jedem das Leben schwer mit der Manipulation zu machen.

Jeder Mensch besteht aus Gefühlen, also trete sie nicht mit Füßen und verlier nicht die Achtung vor dir und dem Gegenüber. Auch das muss bei der Manipulation gesagt werden. Es heißt auch nicht umsonst, Leben und leben lassen.

Hier ein paar Beispiele wie dich die Manipulation verändern kann.

- Ein Raumduftspray weckt Erinnerungen in dir
- Eine bestimmte Musik macht dich nachdenklich
- Farben haben einen großen Einfluss auf unser und wirken auf unsere Stimmung ein
- Alle Jahreszeiten haben Einfluss auf unsere Psyche, denn gerade im Sommer sind wir besonders gut drauf. Das haben wir der Sonne zu verdanken
- Ereignisse beeinflussen uns
- Andere Menschen machen aus uns das, was wir heute sind

Wie du siehst, wir werden ständig und überall manipuliert. Und manchmal kann es auch richtig schön sein. Die Manipulation geht somit ihre eigenen Wege und jeder von uns ist ein Teil davon. Daher muss das Thema

„Manipulation" kritisch behandelt werden. Da wir mit Manipulation eine sehr große Beeinflussung des Gegenübers bewirken können.

Lass dich nur positiv manipulieren

Gerade negative Menschen manipulieren, meist ganz unbewusst. Eine negative Stimmung macht sich breit und wir werden mit in den Sog gezogen. Lass dich nur positiv manipulieren und halte Abstand davon. Weisen Menschen mehr Selbstbewusstsein auf, kann man diese nur schwer manipulieren und in eine Richtung schubsen. Denn sie wissen meist schon vorher Bescheid. Sie durchschauen das Spiel und spielen Katz und Maus. Andere wiederum fallen auf die Manipulation herein.

Lasse dich inspirieren, aber werde nicht der Sklave davon. Wer sich andauernd manipulieren lässt, der hat keine eigene Meinung mehr und verliert gewaltig an Persönlichkeit. Doch genau das macht uns aber aus. Mitläufer sind nur ein Schatten ihrer selbst. Und da willst du sicher nicht hin. Äußere immer deine Meinung und steh zu deinem Tun und Handeln. So hat dich die negative Manipulation nicht im Griff. Ganz im Gegenteil, du hast das Spiel schon lange durchschaut.

Nehme die positive Manipulation als Leitfaden und die hat nichts mit Unterdrückung zu tun. Nur so hast du Achtung vor den anderen und von dir selbst. Wähle die Mittel der Meditation für dich, das Achtsamkeitsprinzip und das autogene Training, wie auch die Hypnose. Sie sind die rein positive Manipulation und lassen den Körper und Geist wieder aufblühen. Zudem setzt du dich mit dir auseinander. Und wer sich selbst am besten kennt, dem kann kein andere mehr was vormachen. Denn du weißt wie der Hase läuft. Lass dir nicht von Kontrahenten in die Seele schauen. Möchtest du die Manipulation wie auch die Rhetorik richtig für dich nutzen, dann belege Kurse wie auch Seminare. Sie werden dir ein wenig die Augen öffnen.

Als Beispiel bietet sich *https://online-kurse.argumentorik.com/p/online-kurs-schwarze-rhetorik* an. Oder auch *https://www.seminar-portal.ch/positive-manipulation-in-der-fuhrung.htm.*

Im Internet wirst du in jedem Fall fündig. Es geht viel um die Psychologie und die macht uns Menschen doch erst aus.

KAPITEL 11: Doping im Sport

Russland

Die aktuellste Meldung in diesem Zusammenhang ist jene, dass Russland nach langem Leugnen das systematische Doping anlässlich der Olympischen Spiele 2016 in Sotschi zugegeben hat.

Bericht im KURIER (angesehene österreichische Tageszeitung) vom 25. Mai 2018

„Russlands Sportminister Pawel Koblokow schrieb von "inakzeptablen Manipulationen im Anti-Doping-System".

Russland hat in einem Brief an die Welt-Anti-Doping-Agentur (WADA) erstmals systematisches Doping zugegeben. In dem von Sportminister Pawel Koblokow sowie den Chefs des Nationalen Olympischen und Paralympischen Komitees unterzeichneten Schreiben ist von "inakzeptablen Manipulationen im Anti-Doping-System" die Rede.

WADA-Chef Craig Reedie hatte diesen Brief bei der WADA-Versammlung in Montreal in der vergangenen Woche als den "ermutigendsten, den wie je erhielten" erwähnt. Russland will die Aufhebung der Sperre seiner nationalen Anti-Doping-Agentur (RUSADA) durch die WADA erreichen.

Wichtiges Eingeständnis;

"Die schwere Krise, die den russischen Sport betrifft, wurde durch inakzeptable Manipulationen durch das russische Anti-Doping-System verursacht und durch die Untersuchungen unter Führung der WADA aufgedeckt", schrieben die höchsten Sportpolitiker Russlands in dem der Sportzeitung "L'Equipe" vorliegenden Brief.

Sie könnten bestätigen, dass gegen die in dieses systematische Dopingprogramm verwickelten Personen geeignete Maßnahmen ergriffen worden seien und diese keinen Einfluss im russischen Anti-Doping-Kampf mehr hätten, betonten Koblokow, NOK-Präsident Alexander Jukow und Wladimir Ljukin, der Chef des russischen Paralympischen Komitees.

Mit diesem Eingeständnis wurde ein wichtiger, von der WADA-Führung geforderter Punkt für eine Wiederanerkennung der RUSADA erfüllt. Ein weiterer ist die Erlaubnis, dem WADA-Personal Zutritt ins Anti-Doping-Labor in Moskau zu gewähren, in dem u.a. im Zuge der Olympischen Winterspiele 2014 in Sotschi in großem Stil manipuliert worden war. Die WADA-Führung wird die neue Entwicklung am 14. Juni diskutieren."

Ehemalige DDR

In der ehemaligen DDR wurde aber noch intensiver, und vor allem über einen extrem langen Zeitraum (praktisch kurz nach der Gründung im Jahr 1949 bis zu dessen Integration in die (gemeinsame) BRD im Jahr 1990) Doping betrieben, und zwar mit Wissen und auf Anordnung der obersten Führung.

Es stellten sich dadurch zwar tolle Erfolge ein, aber die Auswirkungen auf die Sportler waren geradezu verheerend. Vor allem die Hormonbehandlungen machten den Betroffenen oft äußerst massiv zu schaffen, und schränkten diese in deren Lebensqualität enorm ein, und zwar bis zum Lebensende. Entsprechende TV-Berichte der Sender in der BRD in den vergangenen Jahren, ließen einem den Schauer über den Rücken jagen. Noch dazu nahmen die Sportler das Doping nicht freiwillig, sondern es wurden aus einer enormen Anzahl von Kindern Talente herausgenommen, intensiv trainiert, und schon sehr bald gedopt.

Radsport

Es gab aber auch schon durch Doping bedingte Tote. Der bekannteste Fall ist zwar schon länger her, und zwar brach der Ex-Weltmeister Tom

Simpson am 13. Juli 1967 beim Anstieg auf den extrem steilen Berg Mont Ventoux zusammen und starb wenig später im Krankenhaus.

Der wohl bekannteste Fall von Doping in der jüngeren Vergangenheit war jener von Lance Armstrong, dessen (endgültige) Aufklärung aber lange auf sich warten ließ.

Anbei der entsprechende Auszug aus rp. online (ohne Datum)

„1999:
Die Ära Lance Armstrong beginnt. Bis 2005 siegt der Amerikaner siebenmal in Serie. Trotz vieler Spekulationen erhärtet sich der Dopingverdacht gegen ihn erst nach seiner Karriere. In sechs eingefrorenen Proben wird im Nachhinein das Blutdopingmittel Epo nachgewiesen. Die Ergebnisse, die die französische Sportzeitung L'Equipe publik machte, sind juristisch aber nicht verwertbar. Im Februar 2012 stellt zunächst die US-Staatsanwaltschaft strafrechtliche Ermittlungen gegen Armstrong ohne Angabe von Gründen ein. Die US-Anti-Doping-Agentur USADA klagte jedoch im Juni 2012 Armstrong, seine früheren Teamchef Johan Bruyneel und weitere Weggefährten formal an. Am 22. Oktober 2012 erkennt der Weltverband UCI dem Texaner alle Tour-Siege ab. Nach jahrelangem Leugnen bricht der Texaner am 15. Januar 2013 in einem Interview mit Talkmasterin Oprah Winfrey sein Schweigen."

KAPITEL 12: Wie schützen wir uns vor Manipulationen?

Wir haben uns bisher vornehmlich damit befasst, in welchen Lebensbereichen Manipulationen möglich sind, auf welche Art und Weise, und dabei als „Nebenprodukt“ überlegt, wie wir uns davor schützen können.

Nunmehr aber eine ausführliche Darstellung wie wir Manipulationen begegnen können, und zwar durch einen Experten.

Auszug aus Lebe Block, Elias Fischer Begleiter für Selbstverwirklichung, wörtlich, keine Angabe eines Datums

BEDINGUNGSLOSES GEBEN UND NEHMEN ALS SCHUTZ VOR MANIPULATION

Um zu vermeiden, dass wir ausgenutzt werden, gibt es ein einfaches Prinzip: **das unabhängige Geben**. Das bedeutet, wir geben immer unabhängig von dem, was wir bekommen haben. Wir entscheiden also immer auf der Grundlage dessen, ob wir gerade der Person X überhaupt etwas geben wollen, egal was sie bisher für uns getan hat. Es ist ein Irrglaube aus der Manipulation des Systems, dass wir erbrachte Leistungen von der Person A oder Institution B dieser zurückgeben müssen. Das soll nicht bedeuten, dass wir egoistisch denken und niemals etwas geben sollen. Es steht uns jedoch frei, **wem wir was wann geben**. Wenn wir von A und B nehmen, so können wir Person C etwas geben, die nichts mit der Sache A oder B zu tun haben muss. Alles ist Eins und wir sind alle miteinander verbunden, es ist also egal von wem wir nehmen und wem wir etwas geben. Die Hauptsache ist, dass wir ohne Bedingungen geben und ohne Bedingungen nehmen.

Wie erkenne ich die Beeinflussung von anderen?

BEWUSSTSEIN ALS SCHÜTZENDE HÜLLE VOR MANIPULATION

Dadurch, dass wir von jeder Information beeinflusst werden, ist es ratsam, **ungewollte Beeinflussung erkennen** zu können. Dies können wir nur, wenn wir die Kontrolle über uns selbst haben. Menschen ohne Selbstvertrauen oder Minderwertigkeitsgefühlen sind bereits soweit beeinflusst worden, dass sie keine Kontrolle mehr über sich haben. Kein gesunder Mensch würde auf die Idee kommen, Gedanken zu pflegen, die einen selbst herunterstufen oder zu einem „Nichtsnutz" machen. Hier sieht man, wie perfekt die Manipulation des Systems durch die Erziehung und Medien funktioniert.

Um **Manipulation zu erkennen**, benötigt man Bewusstsein. Man muss sich selbst **bewusst werden**. Man muss wissen, welche Gedanken man hat und woher sie kommen. Hat man die Kontrolle über seine Gedanken, so hat man die Kontrolle über sich selbst. Das bedeutet nicht, dass man selbst seine eigenen Gedanken ist, sondern dass die Gedanken ein falsches Selbstbild namens Ego erzeugen, welches man NICHT ist. Wenn ich also denke, ich sei ein „armes Würstchen", dann ist das eine Rolle, die ich durch die Manipulation von außen angenommen habe. Das Bewusstsein steht über den eigenen Gedanken, weil jeder seine Gedanken beobachten kann.

Wir müssen also wissen, was wir denken und warum wir das denken. Nur wenn wir die Kontrolle über unsere Gedanken erhalten, können wir auch erkennen, welche davon einen **manipulativen Ursprung** haben und welche ungewollt sind. Wie man das Bewusstsein über sich selbst erhält, wird sehr schön in dem Buch „Neue Erde" von Eckhart Tolle beschrieben. Erkenne Manipulationen und finde zu deinem wahren Selbst zurück.

Wie und wo werde ich manipuliert?

Falls du es noch nicht begriffen hast, die Manipulation ist die Veränderung unser Handeln und Denkens. Gerade unsichere und unglückliche Menschen lassen sich manipulieren. Man könnte hier schon fast sagen, die Manipulation entsteht im Mutterbauch. Vielleicht durch eine aufgezwängte Erziehung oder ein Mangel an Selbstvertrauen. Somit komme ich immer in Versuchung manipuliert zu werden. Nehme dir dazu ein Beispiel an selbstsicheren Menschen. Sie gehen nur schwer Kompromisse ein und lassen sich nicht wie du leiten. Denn sie stehen mit beiden Beinen auf dem Boden und leiten sich selbst. Du dagegen, fühlst dich bei jedem Schnäppchen und Angebot schon angesprochen. Doch warum und weshalb? Gehen wir diesem Phänomen einmal auf den Grund. Meistens suchen wir gezielt aus und kaufen gezielt ein. Doch Menschen, die nicht wissen was sie wollen, fallen auf die Tricks der Hersteller und Medien rein. Sie lassen sich fast schon verschaukeln. Doch warum lässt du das zu? Wenn du es zulässt, wirst du überall manipuliert. Wehre dich nur, es ist dein gutes Recht.

Schütze dich vor dir selbst

Als du auf die Welt kamst, bekamst du Muttermilch und Mutterliebe. Somit spürtest du Zufriedenheit und Geborgenheit. Im Laufe der Zeit nahmst du dein eigenes Denken auf. Wenn Mama früher sagte, es war so, dann war es auch so. Und nun stehst du alleine da und wirst mit allen Einflüssen konfrontiert. Den guten wie den schlechten und der Manipulation. Lasse dich nicht mehr vom Gottvertrauen leiten, sondern handle selbst. Eines behalte dir jedoch immer für dein Leben bei, die Gepflogenheiten, Gesetze, Regeln, und Traditionen. Sie sind ein Teil von dir und geben Schutz und Halt. Ein gutes System der Beständigkeit und der Nächstenliebe, die nicht manipuliert ist. Denn bedingungsloses Geben und Nehmen ist kein Muss.

Fühle dich auch nicht immer in die Pflicht genommen und lehne hin und wieder Verantwortung ab. Ob im privaten wie geschäftlichen Bereich, denn du bist nicht der Nabel der Welt. Lerne Aufgaben zu verteilen und dich selbst nicht einzwängen zu lassen. Denn genau diese Macht übt die Manipulation aus und das mit bösen Folgen. Und sie macht dich krank, sehr krank. Du wirst und kannst es nicht recht machen, somit versuche es auch nicht. Demzufolge schenke dir die Gedankenfreiheit und lasse sie niemals von der Manipulation bestimmen. Übrigens, auch Trends sind eine reine Manipulation. Die Werbung macht vor der Kunde schön brav nach. Immerhin tragen es die Stars und Sternchen und wenn man hundertmal nicht in die Hose passt. Aber egal, Trend ist Trend. Und wo bitte bleibt dein eigener Geschmack?

In jedem Bereich des Lebens, werden wir manipuliert und leider auch in der Partnerschaft. Der Klügere gibt nach und wird manipuliert. Oder will dem Streit aus dem Weg gehen und sagt „Du hast recht und ich habe meine Ruhe!". Werbung, Partner, Arbeitgeber, Medien, Freunde, alle manipulieren dich. Willst du nun allen gefallen oder einfach nur deine Ruhe haben. Oder gibt dein Selbstbewusstsein einfach nicht mehr her. Wer von Kindesbeinen an auf der Verliererseite steht, wird im Erwachsenenalter nicht zum Hero mutieren. Er lässt sich lieber lenken und schwenken, wie du eben auch. Ebenfalls muss es dir nicht schwer fallen auch mal nein zu sagen. Dann setze dich ruhig einmal mit den Konsequenzen auseinander, bevor du dich manipulieren lässt.

BONUS: Selbsttest – Bist du emotional leicht erpressbar?

Wir sind uns oft nicht bewusst, dass in unseren Beziehungen eine emotionale Erpressung mit im Spiel ist.
Der folgende Test soll Aufschluss darüber geben, ob du leicht dazu neigst dich emotional erpressen zu lassen!

Markiere bitte diejenigen Fragen, die du mit Ja beantworten kannst.

Wenn du dich anderen gegenüber falsch verhältst, hast du dann ein schlechtes Gewissen? **(1 Punkt)**
Wenn du deine Wünsche äußerst oder sie durchsetzt, fühlst du dich dann egoistisch? **(1Punkt)**
Wenn du dich falsch verhalten hast, können dir dann andere Menschen leicht Schuldgefühle machen? **(1 Punkt)**
Glaubst du, dass du verantwortlich bist für die Gefühle anderer? **(1 Punkt)**
Wenn du nicht nachgeben kannst oder nicht die Wünsche des anderen folgst, hast du dann Angst das deine Beziehung zerbricht? **(1 Punkt)**
Ist dir die Anerkennung anderer sehr wichtig? **(1 Punkt)**
Wenn es einem anderen schlecht geht, strengst du dich dann sehr an, lieb zu sein, damit es der Person gut geht? **(1 Punkt)**
Verzichtest du häufig auf deine Wünsche, damit andere zufrieden sind? **(1 Punkt)**
Sind dir Konflikte mit anderen ein Gräuel? **(1 Punkt)**

Hast du das Gefühl für andere mehr zu tun, als die für dich? **(1 Punkt)**
Bist du dir häufig unsicher, ob du die Anerkennung anderer verdienst? **(1 Punkt)**
Erlebst du Schweigen und Trotz anderer als Bestrafung? **(1 Punkt)**
Wütend auf andere zu sein fällt dir schwer? **(1 Punkt)**
Suchst du die Schuld für einen Konflikt immer zuerst bei dir selbst? **(1 Punkt)**
Hast du oft in der Kindheit Sätze gehört wie; „Mir geht es wegen dir schlecht." „Papa hat dich nicht mehr lieb, wenn du das tust." „Andere Kinder sind besser oder lieber als du."? **(1 Punkt)**
Führt vorwurfsvolles Schmollen deines Gegenübers nahezu automatisch bei dir zu Schuldgefühlen? **(1Punkt)**
Fühlst du dich häufig hilflos, weil du nicht weißt, was du wieder falsch gemacht hast? **(1 Punkt)**
Führen deine Schuldgefühle dazu, dass du deine Wünsche aufgibst? **(1 Punkt)**
Anderen gegenüber deinen Ärger auszudrücken, fällt dir schwer? **(1 Punkt)**
Fühlst du dich häufig verletzt oder minderwertig und weißt nicht warum? **(1 Punkt)**
Hast du oft den Eindruck, nicht um dein selbst willen geliebt zu werden? **(1 Punkt)**
Ist es für dich eine große Bestrafung, wenn dein Partner dich beschimpft? **(1 Punkt)**

Insgesamt kannst du höchstens 22 Punkte erreichen.

Test Auswertung:

Je mehr Fragen du mit Ja beantwortest, also umso höher die Punktzahl ist, umso höher ist die Wahrscheinlichkeit, dass du dich leicht von anderen manipulieren und damit emotional erpressen lässt!

Dieser Test soll dir zeigen, wie leicht wir uns unterbewusst manipulieren und steuern lassen.

Ob im Alltag oder Beruf, die Manipulation ist uns immer einen Schritt voraus. Nicht so wenn wir lernen, diese schnell zu erkennen und zu handeln. Vielleicht gehst auch du ab heute mit einer anderen Einstellung durchs Leben und versuchst 2mal zu überlegen bevor du handelst. Aller Anfang ist schwer, aber schon bald bist du ein Talent darin der Manipulation zu wiederstehen.

KAPITEL 13: ENDE ... MOTIVATION ... FAZIT

Wahrscheinlich kennst auch du das Sprichwort "In der Kürze liegt die Würze", daher ... siehe Bezeichnung des letzten Kapitels oben.

Leider ist es manchmal im Leben so, dass wir von etwas begeistert sind, aber dann auf das Thema usw. vergessen, dass dies verursacht hat. Typische Beispiele dafür sind unsere Einkäufe, wenn wir im ersten Moment total hingerissen sind über erworbene Schuhe und/oder Kleidung, dann nach Hause kommen, die "Emotionen" lassen dann schon nach, und am nächsten Tag denken wir uns vielleicht: "Na ja, die anderen Schuhe und/oder Kleidung" wären noch toller gewesen, und im schlimmsten Fall "verschimmeln" die ursprünglich mit Elan gekauften Produkte in irgendeiner Ecke. Da deine Erkenntnisse, die du mit diesem Buch gewonnen hast, auch langfristig (!) wirksam sein sollen, ein ganz wichtiger Tipp: Sprich mit Verwandten und Bekannten darüber, die dann eventuell ebenfalls das vorliegende Buch kaufen, oder "nur" mit dir darüber diskutieren, nimm das Buch später auch zur Hand bzw. überprüfe im täglichen Leben, inwieweit du von den gelesenen Zeilen profitierst und schau dir jene Kapitel nochmals an, bei denen du dir vielleicht denkst, dass du diese verinnerlichen solltest.

Glaube nicht, die Manipulation ist nur schlecht, sie ist steuerbar und ein großer Teil von uns. Das Buch schenkt dir neue Einsichten wie auch Ansichten und einen anders entstehenden Blickwinkel daraus. Und denke daran, die Macht der Manipulation ist auch dir gegeben. Nutze sie für deinen Vorteil, schöpfe keine Nachteile daraus und lasse dich niemals vereinnahmen. Denn die Manipulation ist nur dann negativ, wenn du dich ihrer nicht wehrst. Ansonsten bietet sie gute Aspekte und zeigt neue und positive Wege auf. Bleib auf der Hut und lerne Menschen zu lesen und hinter die Werbestrategien zu sehen, dann könnte die Manipulation sogar dein Freund und Helfer werden.

Möchten Sie mehr über mich und meine weiteren Bücher erfahren? Dann besuchen Sie mich gerne auf meiner Autorenseite unter ***Konrad Sewell*** *bei Amazon.*

Die schönsten Zitate über Einfluss

Man kann die Menschen sehr leicht durch tolle und ungeschickte Darstellungen irremachen; aber man lege ihnen das Vernünftige und Schickliche auf eine interessante Weise vor, so werden sie gewiss danach greifen.

Johann Wolfgang von Goethe (1749 - 1832), gilt als einer der bedeutendsten Repräsentanten deutschsprachiger Dichtung

Quelle: Goethe, Wilhelm Meisters Lehrjahre, 1795/6. 5. Buch, 16. Kap.

Die Frau, die ihren Mann nicht beeinflussen kann, ist ein Gänschen, die Frau, die ihn nicht beeinflussen will – eine Heilige.

Marie von Ebner-Eschenbach (1830 - 1916), Marie Freifrau Ebner von Eschenbach, österreichische Erzählerin, Novellistin und Aphoristikerin

Quelle: Ebner-Eschenbach, Aphorismen, 1911. Originaltext

So etwas wie einen guten Einfluß gibt es nicht. (...) Jeder Einfluß ist unmoralisch – unmoralisch vom wissenschaftlichen Standpunkt aus. (...) Weil einen Menschen beeinflussen so viel bedeutet, wie ihm die eigene Seele geben. Er denkt nicht mehr seine natürlichen Gedanken oder entflammt in seinen natürlichen Leidenschaften. Seine Tugenden gehören in Wahrheit nicht ihm. Seine Sünden, wenn es so etwas wie Sünden gibt, sind geborgt. Er wird das Echo der Musik eines anderen, der Darsteller einer Rolle, die nicht für ihn geschrieben wurde. Das Ziel des Lebens ist Selbstentfaltung. Seine eigene Natur vollständig verwirklichen – das ist es, wozu jeder von uns da ist. Heutzutage haben Leute die Angst vor sich selbst. Sie haben die höchste aller Pflichten vergessen, die Pflicht, die man sich selbst schuldig ist.

Oscar Wilde (1854 - 1900), eigentlich Oscar Fingal O'Flahertie Wills, irischer Lyriker, Dramatiker und Bühnenautor

Der Edle kann diejenigen beeinflussen, die über ihm stehen. Der kleine Mann nur diejenigen die unter ihm stehen.

Konfuzius (551 - 479 v. Chr.), latinisierter Name für Kongfuzi, K'ung-fu-tzu, »Meister Kong«, eigentlich Kong Qiu, K'ung Ch'iu, chinesischer Philosoph

Einfluß in der Politik: ein visionäres Quo, dass gegen ein handfestes Quid eingetauscht wird.

Ambrose Gwinnett Bierce (1842 - 1914), genannt Bitter Pierce, US-amerikanischer Journalist und Satiriker

Jeder von uns wird mehr oder weniger beeinflußt von dem intellektuellen Medium, in dem er sich vorzugsweise bewegt.

Friedrich Engels (1820 - 1895), deutscher Philosoph und sozialistischer Politiker, gemeinsam mit Karl Marx auch Autor

Quelle: Engels, Briefe. An Pjotr Lawrowitsch Lawrow, 12.-17. November 1875

Man muß die Leute an ihren Einfluß glauben lassen - Hauptsache ist, daß sie keinen haben.

Ludwig Thoma (1867 - 1921), deutscher Erzähler, Dramatiker und Lyriker

Menschen, die Einfluß auf andere haben wollen, müssen sich sehr hüten, viel gesehen zu werden. Ich bin von beinahe jedem Menschen berühmter Art, die ich kennen lernte, ein wenig enttäuscht worden.

Carl Hilty (1831 - 1909), Schweizer Staatsrechtler und Laientheologe

Quelle: Hilty, Bausteine. Aphorismen und Zitate aus alter und neuerer Zeit, gesammelt von Prof. Dr. C. Hilty, Verlag Edward Erwin Meyer, Leipzig 1910

Man verdirbt einen Jüngling am sichersten, wenn man ihn anleitet, den Gleichdenkenden höher zu achten, als den Andersdenkenden.

Friedrich Wilhelm Nietzsche (1844 - 1900), deutscher Philosoph, Essayist, Lyriker und Schriftsteller

Quelle: Nietzsche, Morgenröte. Gedanken über die moralischen Vorurteile, 1881

In den meisten Fällen unterliegt gewöhnlich das gemeine Beste dem Einfluß von Sonderinteressen.

Sallust (86 - um 35 v. Chr.), eigentlich Gaius Sallustius Crispus, römischer Geschichtsschreiber und Politiker

Wir leben in einer Welt voll Elend und Unwissenheit, und es ist die offenbare Pflicht eines jeden, zu versuchen, ob der kleine Winkel, auf dem er Einfluß haben mag, etwas weniger elend und unwissend machen kann, als er war, ehe er dahin eintrat.

Thomas Henry Huxley (1825 - 1895), englischer Zoologe, erster Anhänger Darwins, übertrug dessen Abstammungslehre auch auf den Menschen, Prof. u.a. am Royal College of Surgeons

Wo ich nicht mit Folge wirken, fortgesetzt Einfluß üben kann, ist es geratener, gar nicht wirken zu wollen.

Johann Wolfgang von Goethe (1749 - 1832), gilt als einer der bedeutendsten Repräsentanten deutschsprachiger Dichtung

Quelle: Goethe, Gespräche. Mit Friedrich von Müller, zeitlich ungewiss

Je älter wir werden, desto mehr erkennen wir, dass der Geist der Weisheit der Geist der Liebe ist, dass die Liebe das wahre Mittel ist, wodurch wir Einfluss auf unsere Mitmenschen gewinnen. Das ist schwer zu erlernen, und alle, die diese Belehrung empfangen, erhalten sie gewöhnlich zu spät.

Charles Kingsley (1819 - 1875), englischer Pfarrer, Historiker und Schriftsteller

Alle Massenveranstaltungen sind Brutstätten der Suggestion.

© Erich Limpach (1899 - 1965), deutscher Dichter, Schriftsteller und Aphoristiker

© by Friedrich Witte

Wer immer nur auf seine Mitmenschen hört, wird mit der Zeit schwerhörig für seine innere Stimme.

© Ernst Ferstl (*1955), österreichischer Lehrer, Dichter und Aphoristiker

Quelle: Ferstl, Zwischenrufe, 2000

Wer für dich denken will,
der will dich auch beherrschen.
Und dich beherrschen will nur der,
der's gut nur mit sich selber meint.

© Carl Peter Fröhling (*1933), Dr. phil., deutscher Germanist, Philosoph und Aphoristiker

Spiele dein Lied, aber zwinge die Melodie nicht der übrigen Menschheit auf.

Unbekannt

Du kannst den Menschen nur beeinflussen, wenn du eine gute Meinung von ihm hast.

Unbekannt

Drei sind, die da herrschen auf Erden:
die Weisheit, der Schein und die Gewalt!

Johann Wolfgang von Goethe (1749 - 1832), gilt als einer der bedeutendsten Repräsentanten deutschsprachiger Dichtung

Quelle: Goethe, Erzählungen. Unterhaltungen deutscher Ausgewanderten, 1795. Das Märchen

Der rechte Weg, sich Einfluß auf die Menschen zu erhalten, besteht in dem Ausharren, Gutes zu tun.

David Livingstone (1813 - 1873), englischer Missionar und Afrikaforscher

"***Wenn man sich die Welt einmal ohne die eigenen Vorurteile ansieht", sprach der Philosoph, "dann sieht man: Man kann zwar beeinflussen, aber nichts verursachen."***

© Wolfgang J. Reus (1959 - 2006), deutscher Journalist, Satiriker, Aphoristiker und Lyriker

Quelle: Reus, Zeit-Zeugnisse. (23)

Wenn ein Mensch uns zugleich Mitleid und Ehrfurcht einflößt, dann ist seine Macht über uns unbegrenzt.

Marie von Ebner-Eschenbach (1830 - 1916), Marie Freifrau Ebner von Eschenbach, österreichische Erzählerin, Novellistin und Aphoristikerin

Quelle: Ebner-Eschenbach, Aphorismen, 1911. Originaltext

Imperialisten sind wie der Kuckuck. Sie dringen stets in fremde Nester ein und legen dort ihre Brut ab.

© Willy Meurer (1934 - 2018), deutsch-kanadischer Kaufmann, Aphoristiker und Publizist, M.H.R. (Member of the Human Race), Toronto

Wenn wir etwas beeinflussen wollen, brauchen wir entweder mehr Macht oder mehr Bescheidenheit.

© Pavel Kosorin (*1964), tschechischer Schriftsteller und Aphoristiker

Es bedarf nichts als Geschwätz, um beim Volke Eindruck zu machen. Je weniger es begreift, desto mehr bewundert es. Unsere Väter und Lehrer haben oft nicht das gesagt, was sie dachten, sondern was ihnen die Umstände und das Bedürfnis in den Mund legten.

Gregor von Nazianz (um 320 - um 390), Patriarch von Konstantinopel

Heutzutage ist nicht mehr sicher, was mehr Einfluß hat: das Copyright oder die Kopiermaschine.

© Pavel Kosorin (*1964), tschechischer Schriftsteller und Aphoristiker

Was heute fröhlich macht, was heute rührt,
Nicht etwa flüchtig wird's vorbei geführt;
Was heute wirkt, es wirkt auf's ganze Leben.

Johann Wolfgang von Goethe (1749 - 1832), gilt als einer der bedeutendsten Repräsentanten deutschsprachiger Dichtung

Quelle: Goethe, Gedichte. Prolog zu Eröffnung des Berliner Theaters im Mai 1821. III. die Muse

Die beliebtesten Eindrücke sind jene, die keine Vertiefung hinterlassen.

© Martin Gerhard Reisenberg (*1949), Diplom-Bibliothekar und Autor

Es gibt keinen guten Einfluß. Jeder Einfluß ist unmoralisch – unmoralisch vom wissenschaftlichen Standpunkt aus.

Oscar Wilde (1854 - 1900), eigentlich Oscar Fingal O'Flahertie Wills, irischer Lyriker, Dramatiker und Bühnenautor

Quelle: Wilde, Das Bildnis des Dorian Gray (The Picture of Dorian Gray), 1890. Übersetzt von Hedwig Lachmann und Gustav Landauer

Wer auf andre Leute wirken will, der muß erst einmal in ihrer Sprache mit ihnen reden.

Kurt Tucholsky (1890 - 1935, Freitod), Pseudonyme: Kaspar Hauser, Peter Panter, Theobald Tiger, Ignaz Wrobel; dt. Schriftsteller, Journalist, Literatur-

und Theaterkritiker der Zeitschrift "Die Schaubühne" (später umbenannt in "Die Weltbühne"), zählt zu den bedeutendsten Publizisten der Weimarer Republik
Quelle: Tucholsky, Werke 1907-1935. Monarchie und Republik, in: Die Weltbühne, 15.06.1922, Nr. 24 (Ignaz Wrobel)

Einfluß ohne Liebe ist Diktatur und Tyrannei.
© Erhard Blanck (*1942), deutscher Heilpraktiker, Schriftsteller und Maler

Das Übel der Betörung besteht darin, dass man sich selbst für nicht betört hält und dadurch betört ist.
Lü Bu We (um 300 - 235 v. Chr. (Freitod im Kerker)), reicher chinesischer Kaufmann, später Reichskanzler

Den stärksten und nachhaltigsten Einfluß üben die Menschen aufeinander nur durch das aus, was sie sind.
© Zitaten-Handbuch Joseph Kühnel, 1937

Es ist ein hoher, feierlicher, fast schauerlicher Gedanke für jeden einzelnen Menschen, dass sein irdischer Einfluß, der einen Anfang gehabt hat, niemals, und wäre er der Allergeringste unter uns, durch alle Jahrhunderte hindurch ein Ende haben wird. Was geschehen ist, ist geschehen, hat sich schon in dem grenzenlosen, ewig lebenden, ewig tätigen Universum verschmolzen und wirkt hier zum Guten oder zum Schlimmen öffentlich oder heimlich durch alle Zeiten hindurch.
Thomas Carlyle (1795 - 1881), schottischer Philosoph, Historiker, Essayist, Geschichtsschreiber und sozialpolitischer Schriftsteller

Ein Fluß kann Dämme brechen.
© Julian Nasiri (*1983), Immobilienfachmann und Aphoristiker

Man kann einen Menschen schneller und leichter verderben als verbessern.
Berthold Auerbach (1812 - 1882), eigentlich Moses Baruch Auerbacher, deutscher liberaler Kulturpolitiker und Schriftsteller
Quelle: Auerbach, Walfried. Roman, 1874

Der Mensch ist nicht schlecht,
er ist nur beeinflußbar.
© Daniel Mühlemann (*1959), Naturfotograf, Aphoristiker und Übersetzer

Extrinsische Motivation ist nur ein anderer Ausdruck für Manipulation.
© Niko Hachenberg (*1981), Diplom Ingenieur für Maschinenbau und Wirtschaftsingenieurwesen

Diejenigen, die dich dazu bringen können, an das Unwahrscheinliche zu glauben, sind auch in der Lage, dich zu Gräueltaten zu überreden.
Voltaire (1694 - 1778), eigentlich François-Marie Arouet, französischer Philosoph der Aufklärung, Historiker und Geschichts-Schriftsteller

Heute ist es eine Hauptpflicht des echten Mannes, von den Strömungen des Tages sich unbeeinflußt zu erhalten. Das kann er aber nur, wenn er sich, soweit es geht, von dem Sippenwesen fern hält.
Otto von Leixner (1847 - 1907), eigentlich Otto von Grünberg, deutscher Novellist, Dichter und Literaturgeschichtler
Quelle: Leixner, Aus meinem Zettelkasten. Sprüche aus dem Leben für das Leben, 1896

Bei starken und elastischen Naturen rufen ungewöhnliche Eindrücke von außen einen desto stärkeren Gegendruck von innen hervor, ihr Geist ist gegenwärtig mit allen Kräften, sodass sie noch edler und mächtiger handeln als in ruhigem Zustand und unter gelinden, langsamen Eindrücken.
Moritz Lazarus (1824 - 1903), deutscher Philosoph und Mitbegründer der »Völkerpsychologie«

Es ist erstaunlich, wie viele Menschen es verstehen, sich mit wahrem Bienen- oder Bibertalent ihre kleinen, zerstreuten, unendlich weit auseinanderliegenden Verdienstchen zur Berechtigung eines Tempelchens auszubauen, in welchem sie sich einem Cultus der Verehrung zu errichten wissen, als existierte außer ihren eigenen Leistungen nichts Anderes in der Welt. Sogar die Gemeinde, die jede Verehrung braucht, wissen sie sich mit bewundernswürdiger Geschicklichkeit zu pressen.

Karl Gutzkow (1811 - 1878), Karl Ferdinand Gutzkow, deutscher Schriftsteller und Journalist, Pseudonym: El Bulwer
Quelle: Gutzkow, Vom Baum der Erkenntnis. Denksprüche, 1869

Du bildest dir ein, durch deine erzieherischen Talente einen Menschen gewandelt zu haben, und doch hast du meist nur einen Komödianten, einen Heuchler oder einen Feigling aus ihm gemacht.
Arthur Schnitzler (1862 - 1931), österreichischer Dramatiker und Erzähler
Quelle: Schnitzler, Buch der Sprüche und Bedenken. Aphorismen und Fragmente, 1927

Oh, was bin ich doch bis jetzt für ein Mensch gewesen! Man hat mir einige mal Festigkeit des Charakters nachgesagt, und ich bin eitel genug gewesen, dies für wahr anzunehmen. Welchem Umstande habe ich wohl diese Meinung zu verdanken, ich, der ich bis jetzt mich immer von den Umständen habe leiten, meine Seele die Farbe der Gegenstände habe annehmen lassen, die mich umgeben?
Johann Gottlieb Fichte (1762 - 1814), deutscher Theologe und Philosoph
Quelle: Fichte, J. G., Briefe. An seine Geliebte, 1. März 1791

Je mehr der Mensch seiner Persönlichkeit entsagt, umso größeren Einfluß übt er auf die Menschen.
Leo Tolstoi (1828 - 1910), Lew Nikolajewitsch Graf Tolstoi, russischer Erzähler und Romanautor
Quelle: Tolstoi, Lebende Worte. Aus L. N. Tolstojs Werken ausgewählt von Emil Engelhardt. Mit einer Einführung von Friedrich Rittelmeyer, Verlag W. Wunderling, Regensburg 1913. Originaltext der Übersetzung

Wer unser Denken beeinflusst, steuert und bestimmt unser Sein.
© Alfred Selacher (*1945), Schweizer Lebenskünstler

Ich erachte den literarischen Einfluß Wagners auf mich gleich null, abgesehen von den geistigen Atmosphärilien.
Robert Musil (1880 - 1942), Robert Edler von Musil, österreichischer Novellist, Dramatiker und Aphoristiker

Zweierlei Einflüsse werden auf uns ausgeübt: solche, die wir merken, und solche, die andere merken.

Otto Weiß (1849 - 1915), Wiener Musiker und Feuilletonist

Quelle: Weiß, O., So seid Ihr! Erste Folge, Deutsche Verlags-Anstalt, Stuttgart und Leipzig, 1906

Je mehr Äußeres auf uns Einfluss hat, desto weniger kann sich unser Inneres entfalten und entwickeln.

© Paul Schibler (1930 - 2015), Schweizer Aphoristiker

Alles, was in der Weltgeschichte wirksam ist, bewegt sich auch in dem Inneren des Menschen.

Wilhelm Freiherr von Humboldt (1767 - 1835), Friedrich Wilhelm Christian Karl Ferdinand von Humboldt, deutscher Philosoph, Philologe und preußischer Staatsmann. Mitbegründer der Universität Berlin (heute Humboldt-Universität zu Berlin)

Quelle: Humboldt, W. v., Über die Aufgabe des Geschichtsschreibers, Berlin 1822

Wenn Menschen beisammen sind, stecken sie sich vielfach an, dies aber nicht nur mit Keimen, sondern auch mit Ansichten und Gesinnung.

© Siegfried Santura (*1945), deutscher Ingenieur, Ökonom und Autor

Jeder Mensch hat in sich die potentielle Kraft, seine Umgebung positiv oder negativ zu beeinflussen.

© Önder Demir (*1976), selbstständig

Indoktrination führt zu geistiger Verarmung.

© Gjergj Perluca (*1944), emer. Prof. für Physik und freier Journalist aus Shkoder, Albanien

Wir danken Ihnen für Ihr Interesse und Ihr Vertrauen. Als Dankeschön dafür, haben wir eine besondere Überraschung. Wir haben ein **ultimatives Manipulationstraining.** Und diese erhalten Sie vollkommen kostenlos. Das klingt wunderbar? Dann warten Sie nicht lange und holen Sie sich Ihr Gratis-Geschenk.

Hier geht es zu Ihrem Gratis-Geschenk:

https://forms.gle/vy9sb8nF7A7WAz8a9

1. **Öffnen Sie die Kamera-App auf Ihrem Smartphone und richten Sie die Kamera auf den QR-Code.**
2. **Klicken Sie auf den Link, der Ihnen angezeigt wird und schon werden Sie zur Website weitergeleitet.**

Impressum

Herausgeber: Pegoa Global Media GmbH / Am Sandtorkai 27 / 20457 Hamburg
Kontakt: kontakt@pegoamedia.de
Coverbild: Shutterstock